LA MAISON DU CHOCOLAT
PARIS
MAISON DU CHOCOLAT
PARIS

Robert Linxe

Chocolat

Sinnliche Verführung

Texte: Michèle Carles

Fotografie: Christine Fleurent

Styling: Marie-France Michalon

Mosaik

Tamanaco
2
Moroni
Dominante Océan Indien
Saveurs fruitées
et puissantes
3
Acarigua

Inhalt

Links : Tamanco, ein Sortiment von fünf Füllungen ›nature‹, zusammengestellt aus verschiedenen Kakaosorten

›In einer gelungenen Füllung kommt jede der großen Schokoladensorten zur Geltung, aus denen sie sich zusammensetzt. Jede besitzt ein eigenes Aroma, eine Persönlichkeit, die ihr ebenso eindeutig zuzuordnen ist wie der Klang einem Instrument oder die Stimme einem Opernsänger.‹

Robert Linxe

Links: Rigoletto, eine feine Mischung aus Milchschokolade und Karamell
Unten: Jolika, rohes Marzipan mit einem Hauch Pistazie, von dunkler Schokolade umhüllt

Rechts: Das Kakaopulver von *La Maison du Chocolat*
Unten: Die Schachtel Habanera enthält mit dem Fruchtfleisch des Winzerpfirsichs aromatisierte dunkle Schokolade und Milchschokolade mit Mirabellenaroma.

Schokolade kann die unterschiedlichsten Formen annehmen – Täfelchen, Trüffel, Pulver, Häppchen, Dragees, Bonbons ... – und kann sich in Kuchen und Torten, Getränke, Mousse, Soufflé, in Bayerische Creme, in Eis usw. verwandeln. Diese magische oder göttliche Eigenschaft hat dazu beigetragen, dass sie schnell zu einem Objekt der Leidenschaft wurde, z. B. für Carl von Linné, der den Kakao einst als ›Speise der Götter‹ *(theobroma)* bezeichnete; oder heute für Robert Linxe, der der Schokolade einen Tempel weihte, nämlich *La Maison du Chocolat*. Zufällig haben der schwedische Botaniker und der baskische Schokoladenhersteller auch die erste Silbe ihres Nachnamens gemeinsam. Aber das ist nicht alles: Der Wissenschaftler und der Handwerker (› ... auch wenn man mich als Künstler bezeichnet‹, meint Linxe, ›so bin ich doch in erster Linie ein Handwerker, für den die Kunstgriffe und das Wissen entscheidend sind, das sich auf Erfahrung und Präzision gründet und das man an andere weitergeben sollte ...‹) sind sich hinsichtlich ihrer Selbstdisziplin ähnlich, ihrem Streben nach Perfektion, nach Qualität, und teilen wohl auch diese ständige Unzufriedenheit mit sich selbst, die Neugierde und Forscherdrang fördert.

›Es gelingt nie, perfekt zu sein‹, sagt der Gründer von *La Maison du Chocolat*. ›Durch Hartnäckigkeit, Ausdauer und viel, viel Arbeit erreicht man ... ›irgendetwas‹, das man dann kosten, abschätzen, bewerten muss. Aber für mich gibt es immer etwas noch Höheres. Und das erreiche ich nie, auch wenn ich mit dem zufrieden bin, was ich geschaffen habe. Schöpferische Leistung beruht auf beständigem Forschen, ist also ein unaufhörliches Verbessern ...‹

Feinschmecker und Musiker

Die Leidenschaft hält schon beinahe ein halbes Jahrhundert an: 1955 erwarb Robert Linxe *La Marquise de Presles* in Paris. Dies war so etwas wie das Präludium zum großen

1953 Nach einer Ausbildung zum Schokoladenhersteller an einer Schweizer Schule beginnt der junge Baske Robert Linxe eine zweijährige Lehrzeit in einem Pariser Restaurant.

1955 Im Alter von 25 Jahren erwirbt Robert Linxe die Pariser Konditorei *La Marquise de Presles*.

1977 Er eröffnet in der rue du Faubour-Saint-Honoré Nr. 225 die erste Filiale von *La Maison du Chocolat*. Dann …

1987 … eine weitere in der rue François 1er Nr. 52 und zwei Jahre später auf dem Boulevard de la Madeleine, Nr. 8 sowie …

1990 … die erste Filiale von *La Maison du Chocolat* in New York.

1992 Bernard Pivot lädt Robert Linxe mit seinem ersten Buch in die Sendung *Bouillon de Culture* ein.

1995 Eröffnung von zwei neuen Filialen von *La Maison du Chocolat* in Paris, rue de Sèvres Nr. 19 und Avenue Raymond-Poincaré Nr. 89.

1997 Zur Feier ihres 20-jährigen Bestehens bringt *La Maison du Chocolat* Robert Linxes Pralinenmischung *Initiation* heraus.

1998 Die erste japanische Filiale von *La Maison du Chocolat* wird in Tokio eröffnet.

2000 wird *La Maison du Chocolat* vom Comité Colbert prämiert. Zu diesem Zeitpunkt eröffnet Linxe auch eine Filiale im New Yorker Rockefeller Center.

Ganz links: Coco, eine Ganache mit Kokosmilch und flambiertem Rum unter einer mit Kokosnussraspeln verzierten Umhüllung aus dunkler Schokolade
Links: Täfelchen von dunkler Schokolade und Milchschokolade

Werk des Schokoladenvirtuosen, der seine Ausbildung in der Schweiz begonnen hatte.

Etwa 20 Jahre später eröffnete unser Pionier seine erste Filiale von *La Maison du Chocolat* in der rue du Faubourg-Saint-Honoré, beinahe gegenüber der Salle Pleyel, nach der er einen seiner berühmtesten Kuchen benannt hat, und der er einen treuen prestigeträchtigen und naschhaften Kundenstamm verdankt: die Musiker.

Als Robert Linxe *La Maison du Chocolat* konzipierte, wählte er als Wahrzeichen ein historisches Werkzeug, die *metate* der Indianer der Neuen Welt, diesen leicht gewölbten Stein, auf dem die Kakaobohnen mit einer Rolle aus Stein aufgebrochen wurden, dem *metlapilli*. Ein Originalgerät wird im Musée Basque von Bayonne aufbewahrt.

Die guten Sorten

Aber wie entsteht Schokolade? Für den ›Komponisten‹ Robert Linxe, der die Balance zwischen Tradition und Avantgarde zu wahren versteht, gibt es keine Regeln: ›Es ist vor allem eine Frage der Intuition, der Spontaneität. Es beginnt mit einer Inspiration – ein Ort, Musik, ein Duft, ein Gespräch, eine Assoziation; plötzlich drängt sich eine Idee für eine Mischung auf. Dann beginnt die Ausarbeitung: Versuche, Abmessungen, bis sich ein Gleichgewicht zwischen Geschmack und Beschaffenheit einstellt. Man probiert und kostet und probiert wieder und wartet auf den Augenblick, an dem das Produkt fertig zu sein scheint, wenn alle Aromen sich so stark, wie in dieser Mischung möglich, entfaltet haben. Das ist eine sehr subtile Konstruktion, ähnlich wie die

Schokoladengetränke – heiß oder kalt zu trinken

Komposition einer Melodie.‹ Auch hier wieder ist der Vergleich mit der Musik unvermeidbar: Damit eine Schokolade perfekt wird, ist viel Erfahrung nötig und dieses besondere Qualitätsbewusstsein, von dem sich Robert Linxe nie getrennt hat. Es ist ihm selbstverständlich, alle seine Produkte zu testen. Als erstes die Kakaobohnen, denn sie sind wie die Noten oder die Instrumente einer Symphonie. Ihre Auswahl ist entscheidend: geografische Herkunft, Erzeuger – nichts wird dem Zufall überlassen. Ebenso wie beim Wein ist auch bei der Schokolade der Charakter abhängig von der Herkunft, der Sorte, dem Boden und von der Zusammenstellung der Mischungen. Für den Kakaoliebhaber ist jede Probe ein Abenteuer, eine Reise um die Welt der Kakaoaromen. Denn wenn auch die Mehrheit der Kenner Südamerika und Mittelamerika als Herkunftsgebiete der besten Sorten ansehen, so erstreckt sich das Reich des Kakaos doch u. a. auch über Madagaskar, Java und Ceylon. Dem schöpferischen Schokoladenhersteller bietet dieser Planet des Kakaos eine riesige Bandbreite an Geschmacksnoten. *La Maison du Chocolat* wählte im Lauf der Zeit ihre Favoriten aus: Dazu zählen heute die Kakaobohnen aus Venezuela, Ecuador, Ghana und Indonesien. Auch diese kleine Auswahl genügt, um Robert Linxe und seine Mitarbeiter ständig zu beschäftigen: Sie wählen, probieren, kosten, entwerfen, erfinden, mischen und dosieren, um aus diesen Sorten die Schokolade zu schaffen, von der sie träumen, und um sie für uns zu einer köstlichen Wirklichkeit werden zu lassen.
Das Bemühen um höchste Originalität und Qualität macht auch vor den anderen Zutaten nicht halt, die der Schokolade mitunter ihre Aromen verleihen: Zitronen aus Andalusien, Minze aus Marokko … Robert Linxe hat eine klar definierte Liste von Zutaten zusammengestellt, die auf Präzision und Liebe zum Detail gründet – gemeinsam mit seinen Mitarbeitern, denen er die Freude an seiner Arbeit vermitteln konnte.

Bacchus, eine cremige Ganache mit Rosinen aus Smyrna oder Malaga, in altem Rum eingelegt und dann flambiert

Unter den verschiedenen Kakaosorten unterscheidet man drei Grundformen:

– *Criollo*, die älteste, aber auch die anspruchvollste und seltenste, bringt geringe Erträge hervor, aber einen außerordentlich delikaten Kakao.

– *Forastero* stammt aus dem oberen Amazonasgebiet und wird heute in Afrika, besonders an der Elfenbeinküste, angebaut. Er hat sich wegen seiner hohen Erträge und seiner Robustheit weltweit durchgesetzt; der Geschmack ist herb.

– *Trinitario* ist aus einer Kreuzung der beiden anderen hervorgegangen. Er wird in Südamerika, in Indonesien und Sri Lanka angebaut und besitzt die Kraft des *Forestero* und den delikaten Geschmack des *Criollo*. Als Hybride konnte er eine breit gefächerte Palette von Geschmacksnuancen und Aromen entwickeln.

Nicht nur die Sorte, auch die Herkunft beeinflusst den Charakter eines Kakaos. Kakao aus Venezuela zeichnet sich durch die Ausgewogenheit seiner Aromen aus; Guayaquil, der Kakao aus Ecuador, durch seine Kraft; Kakao von Martinique schmeckt schärfer, ein bisschen wie geräuchert; Kakao aus Brasilien enthält mehr Fett und eignet sich gut zur Mischung mit anderen Sorten; Kakao aus Madagaskar besticht durch seine Kraft und das Aroma, das er im Mund entfaltet; die Kakaos aus Ceylon und Indonesien duften sehr stark, während ihr Geschmack nur sehr kurz im Mund verbleibt, aber sie passen gut zu kräftigeren Sorten; Kakao aus der Karibik ist rund, geschmeidig und aromareich; Arriba aus Trinidad ist etwas säuerlich und passt gut in Mischungen und in Kuvertüren; der in den feuchten und sonnigen Bergen von Sumatra angebaute Kakao ist ebenfalls leicht säuerlich; afrikanischer Kakao aus Ghana, Togo und von der Elfenbeinküste wird wegen des intensiven, kräftigen und klaren Geschmacks geschätzt.

Links: Guayaquil, eine Ganache mit leichtem Vanillearoma und Brésilien, eine Ganache mit Kaffee unter einer herben dunklen Umhüllung

›Die Komposition einer Schokolade ist mit der eines Parfums vergleichbar, von denen ich auch einige mit Kakaonuance entwickelt habe. Entscheidend ist immer das Bemühen um Ausgewogenheit. Ebenso wie die Kunst des Schokoladenherstellers ist auch die des Parfumherstellers vor allem anderen ein Handwerk: Ich bin kein Chemiker, eher ein Koch; ich liebe Geschmack, ich mische Zutaten … Wenn man die Augen schließt, was bleibt dann von einer Frau? Ein Duft, ein Geschmack …‹

Jean-Paul Guerlain, Parfumhersteller

Osterei und Hase von *La Maison du Chocolat*
Rechts: Eine Gussfigur aus dunkler Schokolade, einer Mischung aus Orinoco und Maracaïbo

Der ›Hexenmeister der Füllung‹

Der ›Hexenmeister der Füllung‹ (so hatte ihn Jean-Paul Aron genannt), schenkt auch dem folgenden Arbeitsschritt ungeteilte Aufmerksamkeit: der Herstellung der Kuvertüre, die dem Hause *Valrhona* anvertraut wird, einer Adresse für zuverlässige Qualität. Was aber ist eine Kuvertüre genau? Es ist ein großer, drei bis fünf Kilogramm schwerer Block aus Kakaomasse, Kakaobutter und Zucker. Robert Linxe und Pascal Le Gac, der ganz in seinem Sinne arbeitet, verfolgen diese Entstehungsphase der Schokolade mit großer Aufmerksamkeit: Von der Verarbeitung der Kuvertüre hängen Qualität und Vielfalt der Pralinenproduktion ab, und damit das Gleichgewicht der Geschmachsrichtungen und Aromen, vor allem wenn die Schokolade mit anderen Zutaten vermischt wird. So erfordert etwa die Verbindung von Schokolade und Zitrone eine herbe Umhüllung, während sie bei Honig leicht säuerlich sein darf. Nur auf diese Weise wird die Persönlichkeit einer Praline definiert, so komplex und nuanciert sie auch sein mag. Je nach Herkunft und Qualität der Kakaobohnen schmecken die Kuvertüren sehr unterschiedlich: Kakaobohnen aus Südamerika etwa sind bitterer als die fruchtigeren, die aus Afrika stammen.

Eine Symphonie, die nie vollendet wird

Sodann ist die köstliche Ganache an der Reihe, diese Mischung aus Schokolade und Sahne. Ist sie gelungen, dann ›können sich in ihr alle großen Kakaosorten entfalten, aus denen sie sich zusammensetzt; jede von ihnen besitzt ein besonderes Aroma, eine Persönlichkeit und einen Charakter, die von ihrem Ursprungsland geprägt sind … Wie bei einer Melodie‹, fügt der Schokoladenkenner und Musiker hinzu, ›sollte sich jeder Bissen im Mund entfalten und seine geschmackvollen Noten freisetzen, ohne je den Schlussakkord zu überdecken.‹ Dabei ist nichts einfacher zu erklären als eine Ganache: Es genügt, Schokolade in Stücke zu brechen, Sahne zum Kochen zu bringen und die beiden miteinander zu verrühren. Kinderleicht, nicht wahr? Damit sie aber

CHOCOLAT
PARIS
DU CHOCOLAT
PARIS

Links: Der Pralinenkasten Flamenco enthält Pralinen mit zwei verschiedenen Füllungen, eine dunkle mit dem Aroma von Jasmin und Basilikum, die andere aus Milchschokolade mit Rosmarin.

Oben: Eine karamellfarbene Schachtel in Eiform mit einem Sortiment von Ganaches und Schokoladeneiern, die zu Ostern angeboten wird

›leicht und schmelzend ist, gleichzeitig dick und cremig, dabei vollkommen glatt, so dass nicht das geringste Krümelchen an der Zunge hängen bleibt, so dass die Geschmackspapillen sie genüsslich erkunden können, sobald die sehr feine Umhüllung mit einem leichten Druck der Zunge gegen den Gaumen aufgeknackt worden ist‹, kurz: Um eine derartige Verzauberung der Geschmacksorgane zu erreichen, würde die Liebe zur Schokolade folgenlos bleiben, wenn sie nicht mit einer erworbenen und dank der Erfahrung von Jahrzehnten immer weiter verfeinerten handwerklichen Fähigkeit einhergehen würde. ›Ein neues Rezept zusammenstellen‹, vertraute Robert Linxe uns an, ›ist ein gefährliches, aber immer wieder aufregendes Abenteuer. Es kann Monate dauern …‹ Denn wenn sie auch Eingebungen des Augenblicks sind, so sind die Verwirklichung einer neuen Verbindung von Geschmacksrichtungen, die Schöpfung einer neuen Praline, und manchmal auch die Umsetzung in Backwerk (die Torte Bacchus z. B. ist an einer gleichnamigen Praline inspiriert, und Andalousie ist sowohl der Name einer Praline und der einer Torte, die beide auf der Vermählung von Schokolade und Zitrone gründen) längerfristige ›Abenteuer‹, die mit Schwierigkeiten und Rückschlägen nur so gespickt sind. Die Schokolade ist Grundstoff eines ›doppelgesichtigen‹ Handwerks: die Schokoladenherstellung im eigentlichen Sinne und das Handwerk der ›Schokoladenkonditoren‹. Die Anforderungen sind bei beiden die gleichen: die Harmonie aller Zutaten durch Professionalität und präzises Arbeiten zu erreichen. Die ersten Schokoladen und Pralinen von Robert Linxe, die er in einem Arbeitsraum im Keller der ersten Filiale von *La Maison du Chocolat* entwickelte, erregten so großes Aufsehen, dass von allen Seiten Loblieder angestimmt wurden. Eine große französische Tageszeitung bezeichnete ihn als ›Alchimisten der Tafel, Magier des Trüffels und Hexenmeister der Ganache, dabei präzise wie ein Uhrmacher‹. Trotzdem bleibt er ein ewiger Unzufrie-

Links: Unter einer Umhüllung, die an einen Kastanienigel erinnert, verbirgt sich ein Mund voll kandierter Maronen, fein zerstoßen und mit einem Spritzer flambiertem Rum und Vanille aufgeschäumt.
Unten: Valencia, eine duftige Ganache mit Orangenlikör

dener und ein Mensch, den eine nie zu stillende Neugier treibt. Wie wird sich z. B. eine neu komponierte Praline weiterentwickeln? Werden die Verbindungen von Geschmacksrichtungen und Aromen alle ihre Eigenschaften bewahren? Welche anderen Abmessungen müssen erfunden werden, damit dieses zerbrechliche Glück länger währt? Wir haben verstanden: Eine Symphonie in Schokolade ist niemals vollendet, sie braucht Nachspiele, Codas und begeisterten Applaus, der Wiederholungen fordert, besonders nach einem triumphalen Akkord, den man für den Schluss gehalten hatte …

Von der Pralinenkunst zur Kunst des Genießens

Beinahe hätten wir die grundlegenden Details vergessen. Einem Produkt, dem man so viel Aufmerksamkeit zukommen lässt, muss man auch eine Form, ein Äußeres geben. ›Sehen Sie sich diese Formen und diese Farben an‹, lädt Robert Linxe ein. ›Diese Quadrate, Rauten und Scheiben, die sich durch ihre Streifen und Karomustern unterscheiden, durch ihre Nuancen, die von Wildleder über Akazie bis Schwarzbraun reichen, ihre glänzenden oder matten Oberflächen … Fühlen Sie, wie glatt und seidig sie sind …‹
Die Umhüllung wird immer sehr dünn sein, damit es nicht lange dauert, bis das Innere der Praline entdeckt wird, seine Weichheit, das Schmelzende, und damit sich alle Aromen ohne weiteren Aufschub im Mund entfalten können … Anders als bei einem Kind, bei dem man noch nicht weiß, welche Persönlichkeit, welchen Charakter es einmal haben wird, ist es bei einer neugeborenen Praline leichter, einen Namen zu finden, denn als Urheber, als Schöpfer kennt man all ihre Geheimnisse. ›Man wählt einen Namen, nicht weil er hübsch ist‹, sagt Robert Linxe, ›sondern er sollte sich

›Goldschmied und Pralinenhersteller nutzen beide die Großzügigkeit der Natur. Ob Edelsteine oder Kakaobohnen – wir suchen das Schönste, das Seltenste, das Außergewöhnlichste aus. Dann ist es an uns, zu formen, zu verwandeln, zu erfinden, um ein einzigartiges Juwel, eine einzigartige Praline zu schaffen, ein Kunstwerk, bei dem Ausgewogenheit, Form und Farbe ihren eigenen Sinn bekommen. Gemeinsam ist uns auch handwerkliches Können und eine Arbeit, die auf Anspruch, Gefühl und Leidenschaft gründet.‹

Alain Boucheron, Juwelier

Drei unparfümierte Ganaches laden zum Probieren ein – von der sanftesten, Bohême, aus Milchschokolade, über Quito, einer brillanten und eleganten Praline, zu Caracas, einer Praline mit intensivem Kakaogeschmack.

auf eine Herkunft beziehen, an ein Aroma, an Elemente seiner Entwicklung anspielen; manchmal drängt er sich geradewegs auf.‹ Hat das Werk einen Titel, so muss man es als nächstes einem Publikum von Kennern und Schokoladenfanatikern vorstellen, die sich in die Feinheiten der Musik der Schokolade einführen lassen und von Mal zu Mal anspruchsvoller werden, denn schmecken können ist genauso eine Kunst wie hören können. ›Ebenso wie die Komposition einer Partitur‹, so Robert Linxe, ›ist auch die Komposition der Geschmacksrichtungen und der Herkunftsorte des Kakaos, die dem Gaumen die Gesamtheit ihrer Aromen verrät, eine Kunst. Dies ist der Geist, in dem die neuesten Schöpfungen von *La Maison du Chocolat* für das dritte Jahrtausend entwickelt worden sind.‹ Ein solcher Anspruch, ein derartig zielstrebiger Weg kann nur aus einer Kindheit entspringen, in der die Geige nicht fehlte, überhaupt die Musik im Allgemeinen (und die Oper im Besonderen), aber auch Stickerei und Kochkunst eine Rolle spielten. Weiter führte diese Entwicklung in die Schweiz, wo sie durch Erfindungsgabe und eine heute universal anerkannte Meisterschaft bereichert wurde, bis zum jüngsten Triumph: Im Jahre 2000 wurde *La Maison du Chocolat* vom Comité Colbert prämiert. So tritt sie nun in den Kreis jener berühmter Häuser ein, die ererbte Handwerkskunst unermüdlich durch neue Schöpfungen bereichern im Sinne eines modernen und authentisch französischen Lebensstils.

Michèle Carles

Oben: Silberne Schokoladenkannen
Links: Minerva, eine dunkle Praline und ein Feuerwerk von Aromen (Orangenschalen, mit Rum flambierte Rosinen, Walnüsse und Pistazien)

La Maison du Chocolat bietet Schokolade in allen Farbtönen des Kakaos an: Cuana mit 73 % Kakaoanteil, die Milchschokolade Merida und die weiße Schokolade Tolima.

Die Schokoladensorten von *La Maison du Chocolat*

In diesem Buch schlagen wir Ihnen in jedem Rezept als Zutaten Schokoladensorten von *La Maison du Chocolat* vor, mit denen Ihnen Konfekt, Kuchen und Torten, Desserts, Eis und Getränke besonders gut gelingen werden. Diese Originalsorten können Sie bei den Pariser Filialen von *La Maison du Chocolat* beziehen (Adressen auf Seite 176). Sollte Ihnen der Aufwand zu groß sein, können Sie diese Schokolade durch andere Sorten ersetzen – Angaben dazu finden Sie bei jedem Rezept. Im folgenden sind die Original-Schokoladensorten sowie die als Ersatz geeigneten aufgeführt und erklärt.

Coro	100 % Kakao ohne Zucker; eine Schokolade von hoher Qualität mit ausgeprägtem Kakaoaroma. Sie sollte bei der Zubereitung von Ganaches, Mousse und Biskuit nur in sehr kleinen Mengen verwendet werden. Eine Schokolade von solcher Qualität wird bei uns im Handel nicht angeboten. Die Schokolade mit dem höchsten Kakaoanteil enthält 77 % Kakao. Diese Edelbitter Schokolade kann als Ersatz verwendet werden.
Cuana	73 % Kakao, zu sehr dünnen Tafeln gegossen, so dass Aroma und Geschmack besonders gut zur Geltung kommen. Am besten in Verbindung mit weniger kräftigen Sorten zu verwenden. Als Ersatz für diese Sorte können Sie Edelbitter Schokolade mit einem Kakaoanteil von 75 % verwenden.
Orinoco	65 % Kakao, die Schokolade für Schokofans. Kräftig und gleichzeitig ausgewogen im Geschmack eignet sie sich gut für Kombinationen mit anderen Sorten, vor allem mit Maracaïbo. Für diese Schokolade eignen sich zwei Sorten als Ersatz: Edelbitter Schokolade mit 70 % oder 60 % Kakaoanteil.
Bloc noir	62 % Kakao, unsere Sorte für Patisserierezepte. Alleine oder zusammen mit Maracaïbo bietet sie immer ein ausgewogenes Aroma. Edelbitter Schokolade mit 60 % Kakaoanteil kann auch für diese Qualität als Ersatz verwendet werden.
Maracaïbo	57 % Kakao in einer raffinierten und sehr delikaten Mischung. Diese Schokolade kann gegen eine Edel Halbbitter oder Edel Zartbitter Schokolade mit einem Kakaoanteil von 55 % getauscht werden.
Merida	35 % Kakao und der klassische Geschmack der Milchschokolade, ausgewogen und nicht allzu süß. Als vollwertiger Ersatz für diese Sorte kann jede Milch- oder Vollmilchschokolade mit einem Kakaoanteil von 35 % verwendet werden.

Wenn Sie die Schokoladenqualitäten von *La Maison du Chocolat* ersetzen möchten, achten Sie beim Kauf der Schokolade auf deren Kakaoanteil. Der Mindestgehalt an Kakao ist auf der Verpackung angegeben. Edelbitter darf jede Schokolade mit einem Kakaoanteil von 60 % heißen. Edel Halbbitter oder Edel Zartbitter Schokolade enthält mindestens 50 % Kakao. Milch- oder Vollmilchschokolade muss einen Kakaoanteil von mindestens 25 % aufweisen.

Auf dem goldenen Löffel präsentiert: eine dunkle Ganache mit dem Aroma des Winzerpfirsichs und eine Milchschokoladenganache mit dem fruchtigen Geschmack der Mirabelle.

COLAT
PARIS

Konfekt

Für 45 bis 50 Pralinenmanschetten
Vorbereitungszeit: 15 Minuten
Kochzeit: 3 Minuten
Kühlzeit: 4 Stunden

Kirsch-pralinen

500 g dunkle Schokolade: Bloc noir (oder Edelbitter Schokolade mit 60 % Kakaoanteil)
200 g Sahne
1 Vanilleschote
35 g weiche Butter
100 ml Sherry
1 Glas Amarena-Kirschen (130 g Abtropfgewicht)

1. Schokolade mit einem Messer auf einem Brett fein hacken und in eine Schüssel geben. Vanilleschote der Länge nach halbieren. Das Mark auskratzen und aufheben.

2. Sahne in einem Topf mit der Vanilleschote und dem Vanillemark aufkochen und sofort vom Herd nehmen. 20 Sekunden ruhen lassen, dann umrühren, die Vanilleschote herausnehmen und die Sahne über die Schokolade gießen. Wieder einige Sekunden warten, dann die Mischung mit einem Schneebesen mit kreisenden Bewegungen von innen nach außen umrühren.

3. Wenn sich die Schokolade ganz aufgelöst hat, die Butter hinzufügen und einige Sekunden umrühren, dann den Sherry hineingießen und wieder rühren. 4 Stunden lang im Kühlschrank abkühlen und etwas fest werden lassen. Inzwischen die Kirschen in sehr kleine Stücke schneiden, einige Stückchen für die Dekoration beiseite legen.

4. Schüssel mit der Schokoladencreme im Wasserbad erwärmen, bis die Creme glatt und geschmeidig ist. Ist die Creme zu flüssig, unter mehrmaligem Rühren etwas abkühlen lassen, bis sie spritzfähig ist. In einen Spritzbeutel mit kleiner Sterntülle füllen. Die Manschetten zur Hälfte mit Creme füllen, Kirschenstücke hineinlegen. Mit einer Cremerosette bedecken und mit den restlichen Kirschenstücken belegen. Vor dem Servieren fest werden lassen.

Tipp: Damit die Pralinen nicht allzu gehaltvoll werden, nimmt man für dieses Rezept am besten Sahne mit 30 bis 35 % Fett.

Für etwa 20 Makronen
Vorbereitungszeit: 15 Minuten
Backzeit: 20 Minuten

Schokoladen-makronen

140 g gemahlene Mandeln
20 g ungesüßtes Kakaopulver
360 g Puderzucker
5 Eiweiß

Für die Schokoladenfüllung (Ganache):
260 g dunkle Schokolade:
2/3 Orinoco und 1/3 Maracaïbo
(oder 170 g Edelbitter Schokolade
mit 70 % und 90 g Edel Zartbitter
Schokolade mit 55 % Kakaoanteil)
160 g Sahne

1. In einer Schüssel gemahlene Mandeln, Kakaopulver und 300 g Puderzucker vermengen. Die Mischung durch ein Sieb streichen.
2. Eiweiß steif schlagen, den restlichen Puderzucker hinzufügen und weiterschlagen. In den sehr steifen Schnee die gesiebte Mischung geben und vorsichtig unterheben, bis ein glatter, duftiger Teig entstanden ist.
3. Backofen auf 180 °C (Gas Stufe 2) vorheizen. Ein Backblech mit Backpapier auslegen. Den Teig in einen Spritzbeutel mit glatter Tülle füllen und auf das Backpapier etwa 40 Teigbällchen spritzen.
4. 20 Minuten backen lassen. Blech aus dem Ofen nehmen, Backpapier leicht anfeuchten. Die Makronen abnehmen und zum Abkühlen auf ein Kuchengitter legen.
5. Für die Füllung die Schokolade in feine Stücke hacken. Sahne erhitzen, Schokoladenstücke hineinlegen und schmelzen lassen. Umrühren, etwas fest werden lassen. Mit dieser Füllung die glatte Seite einer Makrone bestreichen und auf eine zweite Makrone drücken. Mit den übrigen Makronen auf gleiche Weise verfahren, bis die Zutaten aufgebraucht sind.

Tipp: Damit sich das Eiweiß gut schlagen lässt und sehr steif wird, zu Beginn eine Prise Salz einstreuen. Außerdem beim Trennen der Eier darauf achten, dass kein Eigelb ins Eiweiß gerät.

Schokolade & Kaffee

Roméo

Unter einer Umhüllung aus dunkler Schokolade begegnet man einem leichten Schaum aus Milchschokolade und sehr fein gefiltertem frischen Mokka.
Das Ergebnis hat etwas vom legendären Liebhaber, der nach Shakespeare auch Berlioz und Gounod inspirierte: elegant, samtig und unwiderstehlich.

Für etwa 20 Makronen
Vorbereitungszeit: 15 Minuten
Backzeit: 20 Minuten

Kaffee-makronen

300 g gemahlene Mandeln
350 g Puderzucker
8 Eiweiß
2 EL frischer, sehr starker Kaffee

Für die Kaffeefüllung (Ganache):
200 g dunkle Schokolade: Maracaïbo (oder 200 g Edel Zartbitter Schokolade mit 55 % Kakaoanteil)
75 ml Milch
75 ml frischer, sehr starker Kaffee
100 g Sahne

1. Die Mandeln mit 250 g Puderzucker mischen und sieben. Eiweiß zu sehr steifem Schnee schlagen; dabei nach und nach den restlichen Puderzucker einrieseln lassen. Den Kaffee hineingießen, vorsichtig einrühren und behutsam unter die gesiebte Mischung rühren.
2. Backofen auf 180 °C (Gas Stufe 2) vorheizen und ein Backblech mit Backpapier belegen. Den Teig in einen Spritzbeutel mit glatter Tülle füllen und 40 Teigbällchen auf das Backpapier setzen. 20 Minuten backen.
3. Blech aus dem Ofen nehmen, Backpapier mit einem Pinsel leicht anfeuchten, damit sich die Makronen besser ablösen lassen, und diese zum Abkühlen auf ein Kuchengitter legen.
4. Für die Kaffeefüllung die Schokolade in sehr kleine Stücke hacken und in eine Schüssel geben. Milch in einem Topf aufkochen und über die Schokolade gießen. 2 Minuten ruhen lassen, dann umrühren, bis sich die Schokolade aufgelöst und mit der Milch verbunden hat. Kaffee hinzufügen, umrühren und abkühlen lassen.
5. Die Sahne steif schlagen und unter die Kaffeefüllung heben. Auf die glatte Seite einer Makrone einen Tupfer Füllung geben und mit einer zweiten Makrone bedecken. Mit allen übrigen Makronen ebenso verfahren, bis alle Zutaten aufgebraucht sind. Makronen erst servieren, wenn sie ganz abgekühlt sind.

Für 20 Tuiles
Vorbereitungszeit: 20 Minuten
Backzeit: 15 Minuten

Schokoladen-Tuiles

Für die Schokoladentröpfchen:
100 g dunkle Schokolade: Maracaïbo
(oder 100 g Edel Zartbitter Schokolade
mit 55 % Kakaoanteil)

Für den Teig:
100 g Butter
40 g Mehl
100 g Zucker
50 g Mandelblättchen

1. Für die Schokoladentröpfchen die Schokolade nach den Angaben des Rezepts für die Zubereitung eines Schokoladenüberzugs (S. 164) schmelzen. Wenn die geschmolzene Schokolade noch lauwarm ist, in einen Spritzbeutel mit sehr feiner Tülle füllen und einzelne Tropfen auf ein mit Backpapier ausgelegtes Brett spritzen. Die Schokoladentröpfchen abkühlen lassen und bis zur Weiterverwendung ins Kühlfach legen, damit sie hart werden.
2. Wenn die Tröpfchen hart geworden sind, den Teig für die Tuiles zubereiten: Die Hälfte der Butter zum Schmelzen bringen und dann ruhen lassen. Mit einem Löffel die geklärte Butter abschöpfen und die weißen Rückstände am Boden belassen.
3. Mehl in eine Schüssel geben, Zucker und geklärte Butter hinzufügen. Durchrühren, dann die Mandelblättchen einarbeiten.
4. Backofen auf 180 °C (Gas Stufe 2) vorheizen. Backblech einfetten, runde Ausstechförmchen von 8 bis 10 cm Durchmesser an der Innenseite buttern und auf das Backblech setzen. Einen Esslöffel Teig in die Förmchen geben.
5. Auf diese Weise mehrere Teigscheiben herstellen. Mit Schokoladentröpfchen bestreuen. Etwa 10 Minuten backen, bis die Tuiles goldgelb sind.
6. Das Blech aus dem Ofen nehmen, die Förmchen entfernen und nach einigen Sekunden die Tuiles mit einem biegsamen Spachtel vom Blech nehmen und über einem Nudelholz abkühlen lassen. Den übrigen Teig auf gleiche Weise verarbeiten und die Tuiles gleich nach dem Backen servieren.

Tipp: Schokoladen-Tuiles passen sehr gut zu Eis, Karamellcreme und Englischer Creme. Sie lassen sich an einem trockenen, weder zu kalten noch zu warmen Ort in einem luftdichten Behälter gut aufbewahren.

Für 20 Tuiles
Vorbereitungszeit: 15 Minuten
Backzeit: 20 Minuten

Orangen-Mandel-Tuiles

100 g Butter
2 unbehandelte Orangen
45 g Mehl
100 g Zucker
50 g Mandelblättchen

1. Butter schmelzen, ruhen lassen. Mit einem Löffel die geklärte Butter abschöpfen, die weißen Rückstände am Boden belassen.
2. Die Schale der Orangen in langen Bändern abschälen und diese in feine Streifen schneiden. Orangen halbieren und auspressen. Saft filtern und 40 ml davon abmessen.
3. Die Orangenschalenstreifen in eine Schüssel geben. Mehl, Zucker, geklärte Butter und Orangensaft hinzufügen und alles miteinander vermischen. Mandelblättchen einarbeiten.
4. Backofen auf 180 °C (Gas Stufe 2) vorheizen. Ein Backblech buttern, runde Ausstechförmchen von 8 bis 10 cm Durchmesser an der Innenseite buttern und auf das Backblech setzen. Je 1 Esslöffel Teig in die Förmchen geben.
5. Auf diese Weise 6 Teigscheiben fertigen und etwa 10 Minuten backen, bis sie goldgelb geworden sind.
6. Blech aus dem Ofen nehmen, die Förmchen entfernen und die Tuiles nach einigen Sekunden mit einem biegsamen Spachtel vom Blech nehmen. Auf ein Nudelholz legen und abkühlen lassen. Mit dem übrigen Teig auf die gleiche Weise verfahren.

Tipp: Orangen-Mandel-Tuiles schmecken ausgezeichnet zu Eis, zu einer Creme oder zu einem Schokoladensorbet.

Für 25 Florentiner
Vorbereitungszeit: 15 Minuten
Backzeit: 25 Minuten

Florentiner

75 g gemischte kandierte Früchte
100 g Orangeat
140 g Mandelblättchen
35 g Mehl
65 g Honig
150 g Zucker
65 g Butter
50 g Sahne

Für die Kuvertüre:
180 g dunkle Schokolade:
1/2 Orinoco und 1/2 Bloc noir
(oder 90 g Edelbitter Schokolade
mit 70 % und 90 g Edelbitter
Schokolade mit 60 % Kakaoanteil)

1. Die kandierten Früchte und das Orangeat in sehr kleine Stücke schneiden. Zusammen mit Mandelblättchen und Mehl in eine Schüssel geben und vermengen.
2. Honig, Zucker, Butter und Sahne in einem Topf aufkochen, umrühren und 8 bis 10 Minuten bei mittlerer Hitze kochen; dabei regelmäßig mit einem Schneebesen umrühren. Vom Herd nehmen, die Früchte-Mehl-Mischung dazugeben und behutsam einrühren.
3. Die Mischung auf ein mit Backpapier ausgelegtes Backblech gießen, darauf ausbreiten und etwas abkühlen lassen.
4. Den Backofen auf 170 °C (Gas Stufe 2) vorheizen. Ein Backblech mit Backpapier belegen. Runde Ausstechformen von 10 cm Durchmesser an der Innenseite buttern und auf das Blech setzen. Mit einem Esslöffel eine kleine Menge der Mischung entnehmen, sie zu einer Kugel rollen, flach andrücken und in die Form legen. Den Vorgang wiederholen, bis die ganze Mischung verarbeitet ist.
5. 10 bis 12 Minuten backen, bis die Scheiben goldgelb sind. Aus dem Ofen nehmen, mit dem Backpapier vom Blech ziehen und abkühlen lassen.
6. Die Kuvertüre für die Florentiner nach dem Rezept für Schokoladenüberzug (S. 164) zubereiten. Wenn die Schokolade geschmolzen und noch lauwarm ist, damit die flache Seite der Plätzchen bestreichen. Bevor die Schokolade fest wird, diese Seite eventuell mit einem Rillenmuster verzieren. 3 Minuten im Kühlschrank kalt stellen, dann herausnehmen und hart werden lassen.

Tipp: Die Florentiner bleiben in einer Metalldose und vor Feuchtigkeit geschützt, etwa 10 Tage frisch. Bei feuchter Witterung empfiehlt es sich, die Florentiner länger zu backen.

Schokolade & Minze

Zagora

Unter der dunklen Umhüllung eine Ganache mit Minze. Die Blätter der frischen Minze werden mit der Schere zerschnitten, um das ganze Aroma freizusetzen. Dann lässt man sie in der Sahne ziehen. Auf diese Weise erhält man einen frischen und zarten, aber auch kräftigen Minzgeschmack.
Zagora ist eine Stadt südlich von Marrakesch, in der man den besten Pfefferminztee der Welt zuzubereiten versteht.

Für etwa 650 g Konfekt
Vorbereitungszeit: 10 Minuten
Backzeit: 20 Minuten

Studentenfutter in dunkler Schokolade

100 g Mandeln
100 g Haselnüsse
40 g Rosinen
35 g Orangeat, in sehr kleine Würfel gehackt
15 g geschälte Pistazien

Für die Kuvertüre:
350 g dunkle Schokolade: Bloc noir (oder 350 g Edelbitter Schokolade mit 60 % Kakaoanteil)

1. Backofen auf 160 °C (Gas Stufe 1) vorheizen und Mandeln und Haselnüsse etwa 6 Minuten darin rösten. Aus dem Ofen nehmen und die Temperatur auf 50 °C (Gas ausgeschaltet) senken und Ofentür halb geöffnet lassen.
2. Alle Früchte in einem feuerfesten Teller mischen und 15 Minuten im Ofen trocknen lassen.
3. Inzwischen Schokolade nach dem Rezept für Schokoladenüberzug (S. 164) zubereiten.
4. Früchte aus dem Ofen nehmen. Sie dürfen nicht heiß, sondern nur lauwarm sein. In die geschmolzene Schokolade geben und untermengen.
5. Die Schokoladen-Früchte-Masse 1 cm dick auf ein Stück Pergamentpapier streichen. An einem kühlen Ort fest werden lassen. Vor dem Servieren in große Stücke brechen.

Variante

Studentenfutter in Milchschokolade

Auf gleiche Weise verfahren, wie bei der Zubereitung von Studentenfutter zartbitter, aber statt der dunklen Schokolade 350 g Milchschokolade (Merida bzw. 350 g Schokolade mit 35 % Kakaoanteil) verwenden.

Für 70 bis 80 Trüffel
Vorbereitungszeit: 30 Minuten
Kochzeit: 5 Minuten

Trüffel

450 g dunkle Schokolade:
3/4 Bloc noir und 1/4 Cuana
(oder 330 g Edelbitter Schokolade mit 60 % und 120 g Edelbitter Schokolade mit 72 % Kakaoanteil)
250 g Sahne
1 Vanilleschote

Für die Umhüllung:
350 g dunkle Schokolade: Maracaïbo
(oder 350 g Edel Zartbitter Schokolade mit 55 % Kakaoanteil)
150 g ungesüßtes Kakaopulver

1. Schokolade auf einem Brett mit einem Messer sehr fein hacken und in eine Schüssel geben.
2. Flüssige Sahne in einen Topf gießen. Vanilleschote der Länge nach halbieren und das Mark mit einem Messer auskratzen. Schote und Mark mit der Sahne aufkochen und den Topf sofort vom Herd nehmen.
3. Nach 20 Sekunden die Sahne in einem dünnen Strahl durch ein Teesieb über die Schokolade gießen, um die Vanilleschote herauszufiltern. Nach einigen Sekunden die Mischung mit einem Schneebesen in langsamen, kreisenden Bewegungen von innen nach außen durchrühren, bis sich die Schokolade aufgelöst hat.
4. Trüffelpaste an einem kühlen Ort (aber nicht im Kühlschrank) ruhen lassen, bis sie fest geworden ist. Im Wasserbad leicht erwärmen. Herausnehmen und schlagen, bis sie glatt und geschmeidig ist. Ist die Trüffelpaste zu flüssig, so lange unter gelegentlichem Rühren abkühlen lassen, bis sie spritzfähig ist.
5. Paste in einen Spritzbeutel mit breiter glatter Tülle füllen. Auf Alufolie oder Backpapier Kugeln von der Größe kleiner Walnüsse spritzen und diese mindestens 1 Stunde lang im Kühlschrank fest werden lassen.
6. Inzwischen die Schokolade für die Umhüllung in Stücke brechen, in eine Schüssel geben und im Wasserbad schmelzen lassen. Schüssel aus dem Wasserbad nehmen, bevor die Schokolade vollständig geschmolzen ist. Kakaopulver in einen tiefen Teller geben. ...

... 7. Wenn die Trüffel schön fest geworden sind, aus dem Kühlschrank nehmen, einen oder zwei in die fast völlig geschmolzene Schokoladenmasse tauchen und mit einer Gabel wieder herausholen. Die überschüssige Schokolade abfließen lassen. Trüffel in den Teller mit dem Kakao legen und sie darin rasch herumrollen; anschließend in einem Sieb schütteln, damit das überschüssige Kakaopulver abfällt. Diesen Arbeitsschritt mit den anderen Trüffeln wiederholen. Die Trüffel vor dem Servieren fest werden lassen.

Tipp: Am besten schmecken die Trüffel, wenn der Überzug aus Schokolade und Kakaopulver so dünn wie nur möglich ist.

Varianten

Rumtrüffel

Der fertigen Trüffelpaste 3 Esslöffel dunklen Rum hinzufügen; ansonsten so vorgehen wie bei den einfachen Trüffeln.

Zimttrüffel

In die warme Sahne 20 g Zimtstangen legen und ziehen lassen. Die Sahne durch ein Sieb auf die Schokolade gießen; ansonsten so vorgehen wie bei den einfachen Trüffeln.

Ingwertrüffel

In der kochenden Sahne 20 g frische, geschälte und in Stücke geschnittene Ingwerwurzeln 5 Minuten ziehen lassen. Noch kochend durch ein Sieb auf die gehackte Schokolade gießen. Alle anderen Arbeitsschritte ebenso durchführen wie bei den einfachen Trüffeln.

Teetrüffel

Für diese Trüffel 25 g Tee in der kochenden Sahne 8 Minuten ziehen lassen. Die kochende Sahne über die gehackte Schokolade durch ein Sieb gießen, um die Teeblätter herauszufiltern. Ein besonders volles Teearoma erhält man, indem man zwei verschiedene Teesorten zu gleichen Teilen verwendet, z. B. grünen chinesischen Tee und Earl Grey

Für 70 bis 80 Trüffel
Vorbereitungszeit: 30 Minuten
Kochzeit: 5 Minuten

Minzetrüffel

450 g dunkle Schokolade:
$^1/_2$ Bloc noir und $^1/_2$ Maracaïbo
(oder 225 g Edelbitter Schokolade
mit 60 % und 225 g Edel Zartbitter
Schokolade mit 55 % Kakaoanteil)
20 g frische Minzeblätter
250 g Sahne

Für die Umhüllung:
350 g dunkle Schokolade:
$^2/_3$ Maracaïbo und $^1/_3$ Orinoco
(oder 230 g Edel Zartbitter
Schokolade mit 55 % und
120 g Edelbitter Schokolade
mit 70 % Kakaoanteil)
150 g ungesüßtes Kakaopulver

1. Schokolade mit einem Messer auf einem Brett sehr fein hacken und in eine Schüssel geben. Die Minzeblätter mit einer Schere zerschneiden.
2. Sahne in einem Topf aufkochen, die klein geschnittene Minze dazugeben, abdecken und 8 Minuten ziehen lassen.
3. Die Sahne durch ein Sieb auf die gehackte Schokolade gießen. Einige Sekunden ruhen lassen, dann mit einem Schneebesen in kreisenden Bewegungen von innen nach außen sehr langsam durchrühren, bis sich die Schokolade mit der Sahne verbunden hat. An einem kühlen Ort (aber nicht im Kühlschrank) ruhen lassen, bis sie fest geworden ist.
4. Die Trüffelmasse im Wasserbad leicht erwärmen, aufschlagen und aus dem Wasserbad nehmen. Ist die Trüffelpaste zu flüssig, so lange unter gelegentlichem Rühren abkühlen lassen, bis sie spritzfähig ist. Die weiche Mischung in einen Spritzbeutel mit einer breiten glatten Tülle geben und Kugeln von der Größe kleiner Walnüsse auf ein Stück Alufolie oder Backpapier spritzen.
5. Die Trüffel mindestens 1 Stunde in den Kühlschrank stellen. Wenn sie fest geworden sind, wieder herausnehmen. Kakaopulver in einen tiefen Teller geben.
6. Die Schokolade für die Umhüllung in Stücke brechen, in eine Schüssel geben und im Wasserbad schmelzen. Wenn die Schokolade beinahe ganz geschmolzen ist, die Schüssel aus dem Wasserbad nehmen. Trüffel einzeln nacheinander in die geschmolzene Schokolade eintauchen und mit einer Gabel herausnehmen. Die überschüssige Schokolade abfließen lassen. Rasch im Kakaopulver herumrollen, in einem Sieb schütteln, um überschüssiges Kakaopulver zu entfernen, und fest werden lassen.

Tipp: Keine getrockneten Pfefferminzblätter, sondern frische Minze verwenden. Mit der Schere in viele kleine Stücke schneiden, um das Aroma freizusetzen.

Schokolade & Ingwer

Maïko

Unter einer dunklen Umhüllung eine Ganache mit Ingweraroma. Die geschälte frische Ingwerwurzel lässt man in der Sahne ziehen. Die Ingwermenge und die Einwirkungszeit müssen präzise eingehalten werden, damit eine Ausgewogenheit des Geschmacks erreicht wird. Um die scharfe Ingwernote abzumildern, habe ich für Umhüllung und Ganache zarte und gleichzeitig fruchtige Schokoladensorten ausgewählt. Die Harmonie zwischen Gegensätzen und der Klang des Namens – eine Maïko ist in Japan eine junge Geisha – unterstreichen die Raffinesse dieser Praline.

Für 50 Plätzchen
Vorbereitungszeit: 20 Minuten
Backzeit: 12 bis 15 Minuten

Schokoladen-Heidesand

85 g Puderzucker
20 g ungesüßtes Kakaopulver
165 g weiche Butter
1 Ei
275 g Mehl
50 g Zucker

1. Puderzucker in einer Schüssel mit dem Kakaopulver vermengen. Die Butter in eine andere Schüssel geben, Zucker-Kakao-Mischung hinzufügen und einarbeiten, bis eine glatte Masse entsteht.
2. Das Ei schnell einrühren. Ein Drittel des Mehls einarbeiten, ohne den Teig allzu stark zu kneten. Auf gleiche Weise das restliche Mehl, auf zwei Portionen verteilt, darunter kneten. Teig zu einer Kugel formen und 2 Stunden im Kühlschrank ruhen lassen.
3. Teig etwa 30 Minuten vor dem Backen aus dem Kühlschrank nehmen und 10 Minuten bei Zimmertemperatur ruhen lassen.
4. Teig zu Walzen mit 3 cm Durchmesser formen und diese in Zucker rollen. 15 Minuten im Kühlschrank kalt stellen. Backofen auf 170 °C (Gas Stufe 2) vorheizen.
5. Teigwalzen in 5 mm dicke Scheiben schneiden und die Plätzchen auf ein Backblech legen. 12 bis 15 Minuten backen.
6. Heidesand vor dem Servieren gut abkühlen lassen.

Tipp: In einem luftdichten Behälter und an in einem Raum mit gemäßigter Temperatur halten sich die Plätzchen mehrere Tage lang frisch.

Für 5 bis 6 Personen
Vorbereitungszeit: 10 Minuten
Kochzeit: 5 Minuten

Schokoladen-fondue

500 g Früchte (Erdbeeren, Birnen, Äpfel, Bananen, Mangos, u. ä.)
250 g dunkle Schokolade: 1/2 Bloc noir und 1/2 Orinoco (oder 125 g Edelbitter Schokolade mit 60 % und 125 g Edelbitter Schokolade mit 70 % Kakaoanteil)
200 g Sahne
1/2 Vanilleschote

1. Früchte vorbereiten – die kleineren ganz lassen, die größeren in Scheiben oder Streifen schneiden.
2. Schokolade reiben und in eine Schüssel geben. Vanilleschote der Länge nach halbieren und mit einem Messer das Mark auskratzen.
3. Sahne in einen Topf gießen und mit Vanilleschote und Mark aufkochen. Die Creme, sobald sie kocht, vom Herd nehmen und in dünnem Strahl über die Schokolade gießen. Einige Sekunden ruhen lassen. Mit einem Spachtel spiralartig durchrühren.
4. Wenn die Schokoladencreme fertig ist, die Früchte auf Schaschlikstäbchen oder mit einer Gabel aufspießen, kurz in die Creme eintauchen und essen.

Tipp: Die Schokoladencreme kann am Vortag zubereitet und bis zum Zeitpunkt des Servierens im Kühlschrank aufbewahrt werden. In diesem Fall langsam im Wasserbad bei sehr milder Hitze erwärmen und darauf achten, dass sie nicht eindickt.

Schokolade & Orange

Chiberta

Diese Leckerei stellt zweifellos höchste Ansprüche an den Konditor, denn ihre Zubereitung verlangt nicht nur Aufmerksamkeit, sondern auch viel Liebe.
Um der an sich klassischen Verbindung von Schokolade und Orange neue Akzente zu geben, habe ich eine leichte, schaumige Füllung komponiert, zusammengesetzt aus bitterem Kakao und aus Zucker, der gegen die Schale unbehandelter Zitrusfrüchte gerieben wurde.
Auf diese Weise gelingt es, das Beste der Orange einzufangen, ohne dass die weiße Haut unter der Schale dem Ganzen ihren bitteren Geschmack aufdrängt.
Chiberta ist der Name eines baskischen Dorfes, dessen sonnigen, singenden Klang ich liebe.

Für 30 bis 35 Stäbchen
Vorbereitungszeit: 10 Minuten
Kochzeit: 3 Minuten

Schokoladen-Orangen-stäbchen

3 große kandierte Orangenschalen
(insgesamt etwa 250 g)

Für die Kuvertüre:
250 g dunkle Schokolade:
3/5 Cuana und 2/5 Bloc noir
(oder 150 g Edelbitter Schokolade
mit 72 % und 100 g Edelbitter
Schokolade mit 60 % Kakaoanteil)

1. Die Kuvertüre für die Orangenstäbchen nach dem Rezept für Schokoladenüberzug (S. 164) zubereiten.
2. Orangenschalen in 1 cm breite Streifen schneiden.
3. Sobald die Kuvertüre die richtige Temperatur erreicht hat, die Orangenschalenstreifen mit einer Gabel aufspießen und in die Schokolade eintauchen. Sofort wieder herausziehen, abtropfen lassen und auf einem Kuchengitter 5 Minuten im Kühlschrank kalt stellen, damit die Schokolade hart wird.

Tipp: Am besten gelingen die Stäbchen, wenn man sehr weiche kandierte Orangenschalen verwendet. Den Zucker an ihrer Oberfläche kann man entfernen, indem man sie kurz in Wasser eintaucht und sie trocknen lässt, bevor man sie mit Schokolade überzieht.

Für etwa 500 g Konfekt
Vorbereitungszeit: 20 Minuten
Kochzeit: 5 Minuten

Trockenfrüchte in Schokolade

250 g getrocknete oder kandierte Früchte (Pflaumen, Aprikosen, Datteln, Feigen, kandierte Orangenschalen, u. ä.)

Für die Kuvertüre:
250 g dunkle Schokolade: 1/2 Bloc noir und 1/2 Maracaïbo (oder 125 g Edelbitter Schokolade mit 60 % und 125 g Edel Zartbitter Schokolade mit 55 % Kakaoanteil)

1. Die Kuvertüre für die getrockneten oder kandierten Früchte nach dem Rezept für Schokoladenüberzug (S. 164) zubereiten.
2. Früchte in die geschmolzene Schokolade eintauchen, mit zwei Gabeln sofort wieder herausziehen, abtropfen lassen und auf Alufolie legen. 5 Minuten im Kühlschrank kalt stellen, dann bei Raumtemperatur trocknen lassen. Die Schokolade soll hart werden und eine glänzende Oberfläche haben.

Tipp: Man kann dieses Konfekt in einem trockenen, luft- und lichtundurchlässigen Behälter längere Zeit aufbewahren.

La M

Kleines Gebäck

Für etwa 40 Stück
Vorbereitungszeit: 20 Minuten
Backzeit: 25 bis 30 Minuten

Brownies

300 g Walnusskerne
250 g dunkle Schokolade:
1/2 Maracaïbo und 1/2 Bloc noir
(oder 125 g Edel Zartbitter Schokolade
mit 55 % und 125 g Edelbitter
Schokolade mit 60 % Kakaoanteil)
225 g Butter
4 Eier
75 g gemahlene Mandeln
190 g Zucker
1 gestrichener TL Backpulver
75 g Mehl

1. Backofen auf 180 °C (Gas Stufe 2) vorheizen.
2. Nüsse grob hacken. Schokolade in Stücke schneiden, in eine Schüssel geben und im Wasserbad schmelzen lassen. Butter hinzufügen, einrühren und vom Herd nehmen.
3. Eier in eine Schüssel geben. Gemahlene Mandeln und Zucker untermischen und in die geschmolzene Schokolade einrühren. Backpulver und Mehl vermengen und über die Schokoladenmasse sieben. Alles gut durchrühren. Nüsse dazugeben und wieder rühren.
4. Ein Backblech mit Backpapier belegen. Einen Backrahmen der Größe 20 x 28 cm buttern, auf das Blech stellen und den Teig einfüllen. 30 bis 35 Minuten backen.
5. Kuchen herausnehmen und etwa 5 Minuten abkühlen lassen. Auf ein Kuchengitter stürzen. Wenn er vollständig abgekühlt ist, in 3 cm bis 4 cm große Quadrate schneiden.

Tipp: Brownies kalt servieren. In einer Blechdose bleiben sie mehrere Tage lang frisch.

Für etwa 10 Törtchen
Vorbereitungszeit: 45 Minuten
Backzeit: 15 Minuten

Schokoladen-törtchen

Für den Teig:
190 g Butter
70 g Puderzucker
1 Ei
1 Eigelb
280 g Mehl

Für die Füllung (Ganache):
190 g dunkle Schokolade:
1/3 Cuana, 1/3 Maracaïbo und
1/3 Orinoco
(oder 63 g Edelbitter Schokolade
mit 72 %, 63 g Edel Zartbitter
Schokolade mit 55 % und
64 g Edelbitter Schokolade
mit 70 % Kakaoanteil)
50 g Milchschokolade: Merida
(oder Milchschokolade
mit 35 % Kakaoanteil)
130 g Sahne
1/2 Vanilleschote

1. Den Teig zubereiten: Butter in eine Schüssel geben, Zucker darüber schütten und miteinander verkneten. Ei und Eigelb hinzufügen und einarbeiten. Mehl darüber sieben und mit der Masse vermengen, ohne allzu lange zu kneten. Den Teig in sechs gleiche Teile teilen, alle zu Kugeln rollen und in Frischhaltefolie 2 Stunden im Kühlschrank ruhen lassen.
2. Die Teigkugeln herausnehmen und 10 Minuten bei Zimmertemperatur stehen lassen. Zu 4 mm dicken Teigplatten ausrollen. 10 Tortenförmchen von 12 cm Durchmesser einfetten, mit den Teigplatten auslegen. Mit einer Gabel die Böden mehrmals einstechen. Mindestens 3 Stunden kalt stellen, damit sich der Teig nicht wieder zusammenzieht.
3. Backofen auf 180 °C (Gas Stufe 2) vorheizen. Tortenförmchen aus dem Kühlschrank nehmen. Den Teig jeweils mit einem Stück Backpapier abdecken und trockene Bohnen darüber legen; in den Backofen stellen. Nach etwa 10 Minuten Backpapier und Bohnen entfernen und die Törtchen weiterbacken, bis der Teig goldgelb ist. Herausnehmen und abkühlen lassen.
4. Schokolade in Stücke schneiden, auf ein Brettchen legen und mit einem Messer sehr fein hacken. In eine Schüssel geben.
5. Vanilleschote längs halbieren, zusammen mit der Sahne in einem Topf aufkochen und 20 Sekunden köcheln lassen. Die Vanilleschote wieder herausnehmen.
6. Vom Herd nehmen und Sahne über die Schokolade geben. 1 bis 2 Minuten ruhen lassen. Die Sahne mit der Schokolade mit kreisenden Bewegungen von innen nach außen verrühren, bis sich eine glatte Creme (Ganache) bildet. Ganache auf die Törtchen verteilen und fest werden lassen.

Um am Tag des Servierens Zeit zu sparen, kann man den Teig auch am Vortag zubereiten.

Tipp: Stellen Sie die fertigen Törtchen nicht in den Kühlschrank, da der Teig sonst weich und die Ganache austrocknen würden.

Schokolade & Zitrone

Andalousie

Unter dem schwarzen Überzug eine mit Zitronenschalen aromatisierte Ganache! Während die Zusammenstellung von Schokolade und Orange zu den Klassikern gehört, erscheint der Gedanke an eine Verbindung von Schokolade und Zitrone verwegen. Man stellt sich unwillkürlich vor, wie die Säure der Zitrone gegen die Süße der Schokolade ankämpft. Ausgewogenheit erfordert hier Fingerspitzengefühl.
Die Mischung von Schokoladen mit viel Charakter (Venezuela, Caraïbes, Équateur) mit dem Besten der Zitrone – der Schale – bestricht durch ein zartes, ungewöhnliches Aroma, das den Geschmack der Schokolade keineswegs verfremdet, sondern rein und intensiv erhält.
Der Name dieser schönen spanischen Landschaft, aus der die besten Zitronen kommen, passt hervorragend zu dieser Praline.

Für 15 bis 20 Profiteroles
Vorbereitungszeit: 55 Minuten
Backzeit: 35 bis 40 Minuten

Profiteroles

Für das Schokoladeneis siehe Rezept auf S. 150

Für den Brandteig:
2 Eier
120 ml Milch
1 Prise Salz
1 TL Zucker
50 g Butter
75 g Mehl

Zum Einpinseln:
1 Eigelb

Für die Schokoladencreme (Ganache):
200 g Sahne
100 g Schokolade:
1/2 Cuana und 1/2 Bloc noir
(oder 50 g Edelbitter Schokolade mit 72 % und 50 g Edelbitter Schokolade mit 60 % Kakaoanteil)
10 g weiche Butter

1. Für den Brandteig die Eier in eine Schüssel aufschlagen und schaumig rühren. Milch in einem Topf mit einer Prise Salz, Zucker und Butter aufkochen. Durchrühren. Das ganze Mehl auf einmal hineinschütten und schnell mit einem Kochlöffel einarbeiten. Wenn sich ein glatter Teig gebildet hat, diesen noch einige Sekunden kochen lassen; dabei immer weiterrühren, bis sich der Teig vom Topfboden löst. Topf vom Herd nehmen und nach und nach die aufgeschlagenen Eier hineingießen und sie in den Teig einarbeiten, der weich, aber nicht flüssig sein sollte.
2. Backofen auf 200 °C (Gas Stufe 3) vorheizen und ein Backblech einfetten. Eigelb mit 1 Esslöffel Wasser aufschlagen. Teig in einen Spritzbeutel mit 16er Lochtülle füllen und damit den Teig in kleinen Kugeln auf das Blech setzen. Der Abstand zwischen ihnen sollte mindestens 3 cm betragen. Die Teigkugeln vor dem Backen mit geschlagenem Eigelb einpinseln.
3. Etwa 20 Minuten backen lassen, bis die Profiteroles eine goldgelbe Farbe angenommen haben. Auf ein Kuchengitter legen und abkühlen lassen.
4. Für die Schokoladencreme (Ganache) die Sahne in einem Topf aufkochen. Schokolade fein hacken und in eine Schüssel geben. Die kochende Sahne darüber gießen und 30 Sekunden ruhen lasen, dann mit einem Schneebesen in kreisenden Bewegungen von innen nach außen durchrühren, bis sich die Schokolade ganz aufgelöst hat. Die in kleine Stücke geschnittene Butter dazugeben, schmelzen lassen und einrühren.
5. Kurz vor dem Servieren die Profiteroles in der Mitte durchschneiden und mit Schokoladeneis füllen. Wieder zusammensetzen und auf eine Tortenplatte stellen. Mit lauwarmer Ganache übergießen und sofort servieren.

Tipp: Die Brandteigkugeln vor dem Backen mit Mandelstiften bestreuen. Mit Eis gefüllte Profiteroles im Tiefkühlfach oder in der Tiefkühltruhe aufbewahren. Die lauwarme Schokoladencreme dann erst vor dem Servieren darüber gießen.

Für 6 Personen
Vorbereitungszeit: 10 Minuten
Backzeit: 15 Minuten

Schokoladen-brezeln

30 g ungesüßtes Kakaopulver
75 g Zucker
120 g weiche Butter
250 g Mehl
1 Ei

Für den Überzug:
400 g dunkle Schokolade: Bloc noir (oder Edelbitter Schokolade mit 60 % Kakaoanteil)

1. Kakao in eine Schüssel geben, 50 ml warmes Wasser darüber gießen. Umrühren, bis sich der Kakao gelöst hat, und abkühlen lassen.
2. Zucker und Butter in einer Schüssel mit dem Handrührgerät schlagen, bis sich eine schaumige Creme gebildet hat. Kakao hinzufügen und einrühren. Die Hälfte des Mehls hineinschütten, durchrühren, dann das Ei einarbeiten und das restliche Mehl dazugeben.
3. Den Teig auf einer Arbeitsplatte durchkneten, bis er nicht mehr klebt und sich von den Fingern löst. Zu Strängen von jeweils 30 cm Länge und 1 cm Durchmesser rollen.
4. Backofen auf 170 °C (Gas Stufe 2) vorheizen. Die Teigstränge zu Brezeln formen und sie auf ein gebuttertes Backblech legen. Etwa 15 bis 18 Minuten backen.
Die Brezeln, wenn sie durchgebacken sind, herausnehmen und abkühlen lassen.
5. Nach dem Rezept auf S. 164 die Schokoladenmasse für den Überzug zubereiten. Die Brezeln einzeln nacheinander rasch in die geschmolzene Schokolade eintauchen. Abtropfen lassen, auf ein Kuchengitter legen und vor dem Servieren fest werden lassen.

Schokoladen-Eclairs

Für 8 bis 10 Eclairs
Vorbereitungszeit: 45 Minuten
Backzeit: 35 bis 45 Minuten

Für die Schokoladencreme (Ganache):
100 g dunkle Schokolade:
9/10 Maracaïbo und 1/10 Coro
(oder 100 g Edel Zartbitter Schokolade
mit 55 % Kakaoanteil)
80 g Sahne

Für den Brandteig:
2 Eier
120 ml Milch
1 Prise Salz
1 TL Zucker
50 g Butter
75 g Mehl

Zum Einpinseln:
1 Eigelb

Für die Creme:
250 ml Milch
5 g ungesüßtes Kakaopulver
2 Eigelb
40 g Zucker
25 g Mehl

Für den Guss:
150 g Fondant
20 g ungesüßtes Kakaopulver
10 g Butter

1. Für die Ganache die Schokolade fein reiben, die Sahne aufkochen und über die Schokolade gießen. Einige Minuten ruhen lassen. Behutsam durchrühren, bis sich die Schokolade ganz aufgelöst hat.

2. Für den Brandteig zubereiten die Eier in einer Schüssel schaumig schlagen. Milch in einem Topf mit Salz, Zucker und Butter unter Rühren aufkochen. Das ganze Mehl auf einmal in den Topf schütten und schnell mit einem Kochlöffel einrühren. Wenn sich ein glatter Teig gebildet hat, diesen noch einige Sekunden unter Rühren kochen lassen, bis er sich vom Teigboden löst. Vom Herd nehmen. Die Eier nach und nach zugeben und in den Teig einarbeiten. Der Teig soll weich, aber nicht flüssig sein.

3. Backofen auf 200 °C (Gas Stufe 3) vorheizen. In einer kleinen Schüssel das Eigelb zum Einpinseln mit 1 Esslöffel Wasser verquirlen. Ein Backblech einfetten und den Teig in einen Spritzbeutel mit 16er Lochtülle füllen. In Abständen von mindestens 3 cm Stränge von etwa 10 cm Länge auf das Backblech spritzen. Mit dem verdünnten Eigelb einpinseln und 20 bis 30 Minuten backen lassen, bis sie eine goldgelbe Farbe angenommen haben. Aus dem Ofen nehmen, mit einem kleinen spitzen Messer seitlich einschneiden und auf einem Kuchengitter abkühlen lassen. ...

... 4. Für die Creme die Milch mit dem Kakaopulver in einem Topf aufkochen. Eigelb in einem anderen Topf mit dem Zucker schaumig schlagen, bis die Creme sehr hell ist. Mehl dazugeben und einrühren. Die Hälfte der Milch in dünnem Strahl dazugießen, ohne das Rühren zu unterbrechen, bis sich ein glatter Teig gebildet hat. Die restliche Milch dazugießen, den Topf auf den Herd stellen und bei milder Hitze unter Rühren köcheln lassen, bis die Creme eingedickt ist.

5. Die Ganache in die noch warme Creme gießen, einrühren und unter häufigem Rühren abkühlen lassen. (Durch das Rühren entweicht der Wasserdampf, der die Creme weich werden lassen würde.) Die abgekühlte Creme durch den seitlichen Einschnitt in die Eclairs einfüllen.

6. Für den Guss Fondant im Wasserbad auflösen, Butter und Kakaopulver hinzufügen, gründlich einrühren. Jedes Eclair mit etwas Guss bestreichen und diesen fest werden lassen.

Tipp: Wenn der Fondant für den Guss zu fest ist, ein wenig Wasser hinzugeben. – Fondant können Sie bei Ihrem Bäcker oder Konditor bestellen.

Variante

Schokoladen-Windbeutel

1. Den fertigen Brandteig in einen Spritzbeutel mit 16er Lochtülle füllen. Auf ein gebuttertes Backblech Teigbällchen von ca. 5 cm Durchmesser in mindestens 3 cm Abstand voneinander spritzen, und mit einem Pinsel mit verdünntem Eigelb bestreichen. Der Teig müsste für 20 bis 25 Windbeutel reichen.

2. 20 bis 30 Minuten backen, bis die Windbeutel goldgelb sind. Aus dem Ofen nehmen, seitlich einschneiden und auf einem Kuchengitter abkühlen lassen. Mit der gut abgekühlten Mischung aus Creme und Ganache füllen und mit Guss verzieren.

Für etwa 8 bis 10 Eclairs
Vorbereitungszeit: 45 Minuten
Backzeit: 40 bis 45 Minuten

Karamell-Eclairs

Für den Brandteig:
2 Eier
120 ml Milch
1 Prise Salz
1 TL Zucker
50 g Butter
75 g Mehl

Zum Einpinseln:
1 Eigelb

Für den Karamell:
90 g Zucker
80 g Sahne

Für die Creme:
250 ml Milch
25 g Zucker
2 Eigelb
30 g Mehl

Für den Guss:
80 g Zucker
150 g Fondant
(siehe Tipp S. 76)

1. Für den Brandteig zubereiten die Eier in einer Schüssel schaumig schlagen. Milch in einem Topf mit Salz, Zucker und Butter aufkochen. Durchrühren, das ganze Mehl auf einmal hineinschütten und rasch mit einem Kochlöffel rühren. Den Teig, nachdem er ganz glatt geworden ist, noch einige Sekunden unter Rühren lang kochen, bis er sich vom Topfboden ablöst. Topf vom Herd nehmen, nach und nach die aufgeschlagenen Eier dazugeben und in den Teig einarbeiten, der weich, aber nicht flüssig sein sollte.

2. Backofen auf 200 °C (Gas Stufe 3) vorheizen und ein Backblech einfetten. Das Eigelb zum Einpinseln mit 1 Esslöffel Wasser verquirlen. Den Teig in einen Spritzbeutel mit einer 16er Lochtülle füllen und auf das Blech in mindestens 3 cm Abstand voneinander Stränge von etwa 10 cm Länge spritzen. Mit dem verdünnten Eigelb einpinseln.

3. 20 bis 30 Minuten backen lassen, bis die Eclairs goldgelb geworden sind. Aus dem Ofen nehmen. An jedem einen seitlichen 4 cm langen Schlitz anbringen und auf einem Kuchengitter abkühlen lassen.

4. Für den Karamell den Zucker in einen mittelgroßen Topf schütten. Bei milder Hitze erwärmen, bis der Zucker zu karamellisieren beginnt. Den Zucker während dieser Zeit nicht umrühren. Wenn der Karamell dunkel geworden ist, vom Herd nehmen und sofort die flüssige Sahne dazugeben. Umrühren, bis der Karamell sich vollständig gelöst hat und abkühlen lassen. ...

… 5. Für die Creme die Milch und ein Viertel des Zuckers in einem Topf aufkochen. Eigelb mit dem restlichen Zucker in einer Schüssel schaumig schlagen, Mehl hinzufügen und einrühren. Die Hälfte der Milch ganz langsam einfließen lassen. Dabei ununterbrochen schlagen, bis die Mischung glatt und cremig ist. Die restliche Milch dazugießen, im Topf bei milder Hitze kochen lassen und weiterrühren, bis die Creme dick geworden ist.
6. Den Topf vom Herd nehmen, den Karamell unterrühren und die Creme abkühlen lassen; dabei ab und zu umrühren. Die Karamellcreme durch den seitlichen Schnitt in die Eclairs einfüllen.

7. Den Guss zubereiten: Zucker und 100 ml Wasser in einem Topf aufkochen und bei milder Hitze köcheln lassen, bis daraus dunkler Karamell geworden ist. Vom Herd nehmen. Wenn der Karamell nur noch lauwarm ist, den Fondant dazugeben und einrühren. Den Topf wieder bei milder Hitze erwärmen und umrühren, bis die Mischung glatt und cremig ist. Vom Herd nehmen und abkühlen lassen. Auf die Oberseite der Eclairs streichen und fest werden lassen.

Tipp: Einige Tropfen Karamell in kaltes Wasser fallen lassen. Wenn er dunkel wird, ist er fertig und kann weiterverwendet werden.

Variante

Karamell-Windbeutel

1. Den fertigen Brandteig in einen Spritzbeutel mit 16er Lochtülle füllen und auf ein gebuttertes Backblech in 3 cm Abstand voneinander Teigbällchen mit ca. 5 cm Durchmesser spritzen. Die Teigbällchen mit verdünntem Eigelb einpinseln. Die Teigmenge ergibt 20 bis 25 Windbeutel.
2. 20 bis 30 Minuten backen, bis die Windbeutel goldgelb geworden sind. Aus dem Ofen nehmen, seitlich einschneiden und auf einem Kuchengitter abkühlen lassen. Mit kalter Karamellcreme füllen und mit Guss bestreichen.

Schokolade & Rum

Faust

In dem kleinen Milchschokoladenkegel verbirgt sich eine ebenfalls helle, cremige Ganache mit dem Aroma alten flambierten Rums. Dieser Hauch von Rum betont den Schokoladengeschmack, regt sanft den Gaumen an und macht Lust auf mehr. Ein Leckerbissen voller Feuer und Leidenschaft, der meiner Meinung nach den Namen des legendären Helden der Oper von Gounod verdient, deren Ballett der Walpurgisnacht für mich einen Höhepunkt darstellt.

Für etwa 8 bis 10 Eclairs
Vorbereitungszeit: 45 Minuten
Backzeit: 40 bis 45 Minuten

Kaffee-Eclairs

Für den Brandteig:
2 Eier
120 ml Milch
1 Prise Salz
1 TL Zucker
50 g Butter
75 g Mehl

Zum Einpinseln:
1 Eigelb

Für die Creme:
250 ml Milch
2 Eigelb
50 g Zucker
30 g Mehl
80 ml frischer, sehr starker Kaffee

Für den Guss:
40 g Zucker
30 ml frischer, sehr starker Kaffee
150 g Fondant (siehe Tipp S. 76)

1. Für den Brandteig die Eier in einer Schüssel schaumig schlagen. Milch in einem Topf zusammen mit Salz, Zucker und Butter aufkochen. Durchrühren, das ganze Mehl hineinschütten und rasch mit einem Kochlöffel rühren. Wenn der Teig glatt ist, noch einige Sekunden weiterkochen lassen, bis er sich vom Topfboden ablöst. Vom Herd nehmen, die schaumig geschlagenen Eier allmählich hinzugeben .und dabei in den Teig einarbeiten, der weich, aber nicht flüssig sein soll.
2. Backofen auf 200 °C (Gas Stufe 3) vorheizen und ein Backblech buttern. Das Eigelb zum Einpinseln mit 1 EL Wasser verquirlen. Den Teig in einen Spritzbeutel mit 16er Lochtülle einfüllen und in 3 cm Abstand voneinander Stränge von jeweils 10 bis 15 cm Länge spritzen. Mit dem verdünnten Eigelb einpinseln.
3. 20 bis 30 Minuten backen, bis die Eclairs goldgelb geworden sind. Aus dem Ofen nehmen, seitlich etwa 4 cm breit einschneiden und auf einem Kuchengitter abkühlen lassen.
4. Für die Kaffeecreme die Milch in einem Topf aufkochen. Eier in einem anderen Topf mit Zucker aufschlagen, bis die Masse hell und schaumig ist. Mehl einarbeiten. Langsam die Hälfte der Milch in die Mischung einrühren. Dabei immer weiter rühren, bis sich eine glatte Creme gebildet hat. Die restliche Milch dazugießen und bei milder Hitze kochen, ohne das Rühren zu unterbrechen, bis die Creme dick geworden ist. Vom Herd nehmen und den Kaffee einrühren. Die Creme abkühlen lassen; dabei von Zeit zu Zeit umrühren. Die kalte Creme durch den seitlichen Schlitz in die Eclairs einfüllen.

5. Für den Guss einen Topf bei milder Hitze erwärmen, den Zucker langsam hineinrieseln lassen und kochen, bis daraus hellbrauner Karamell geworden ist. Vom Herd nehmen und stehen lassen, bis der Karamell nur noch lauwarm ist, und den Kaffee hineingießen. Topf ins Wasserbad stellen, Fondant dazugeben und weich werden lassen. Einrühren, bis sich alles miteinander verbunden hat. Abkühlen lassen, auf die Oberseite der Eclairs streichen und fest werden lassen.

Variante

Kaffee-Windbeutel

1. Den fertigen Brandteig in einen Spritzbeutel mit 16er Lochtülle füllen. Auf ein gebuttertes Backblech in 3 cm Abstand voneinander Teigbällchen von etwa 5 cm Durchmesser spritzen und diese mit dem verdünnten Eigelb einpinseln. Die Teigmenge ergibt 20 bis 25 Windbeutel.

2. 20 bis 30 Minuten backen, bis die Windbeutel goldgelb sind. Aus dem Ofen nehmen, seitlich einschneiden und auf einem Kuchengitter abkühlen lassen. Mit gut gekühlter Kaffeecreme füllen und mit Guss bestreichen.

Für 20 Crêpes von 18 cm Durchmesser
Vorbereitungszeit: 20 Minuten
Backzeit: 15 Minuten

Schokoladen-Crêpes à l'orange

Für den Teig:
500 ml Milch
100 g Butter
3 Eier
1 Prise Salz
20 g Zucker
200 g Mehl
1 unbehandelte Orange
50 ml Orangenlikör
50 ml Rum

Für die Füllung (Ganache):
300 g dunkle Schokolade:
1/10 Cuana und 9/10 Maracaïbo
(oder 30 g Edelbitter Schokolade
mit 72 % und 270 g Edel Zartbitter
Schokolade mit 55 % Kakaoanteil)
1/2 Vanilleschote
200 g Sahne

1. Milch in einem kleinen Topf bei milder Hitze erwärmen und die Butter dazugeben. Vom Herd nehmen, sobald die Butter geschmolzen ist.
2. Eier mit Salz und Zucker in einer Schüssel schaumig schlagen, die Hälfte der Milch hineingießen, Mehl darüber sieben, die in feine Streifen geschnittene Orangenschale, Orangenlikör und Rum dazugeben. Mischung schaumig schlagen, restliche Milch dazugießen und etwa 1 Stunde ruhen lassen.
3. Eine kleine beschichtete Pfanne buttern, bei starker Hitze erwärmen, ein wenig Teig hineingeben und die Crêpe etwa 1 Minute auf jeder Seite backen. (Bei diesem Teig ist es nicht nötig, die Pfanne vor jeder Crêpe neu einzufetten.) Die fertigen Crêpes übereinander stapeln, damit sie weich und warm bleiben.
4. Für die Ganache die Schokolade mit einem Messer fein hacken und in eine Schüssel geben. Vanilleschote der Länge nach Halbieren, über einem Topf auskratzen, Sahne in einen Topf gießen, Vanilleschote hineinlegen, aufkochen und sofort vom Feuer nehmen. 20 Sekunden ruhen lassen, dann in dünnem Strahl über die Schokolade gießen und wieder 30 Sekunden warten. Die Vanilleschote entfernen und mit einem Schneebesen in kreisförmigen Bewegungen von innen nach außen rühren, bis sich die Schokolade ganz aufgelöst hat. Die lauwarmen Crêpes mit der Ganache füllen und sofort servieren.

Tipp: Die Crêpes schmecken auch sehr gut, wenn sie mit einer Mischung aus dieser Ganache und Schlagsahne gefüllt sind.

Schokolade & Zitrus

Arneguy

Bei dieser Ganache, die mit den Schalen von Grapefruit, Orange und Zitrone gewürzt ist, galt es, die drei sehr ausgeprägten Aromen miteinander und mit der Bitterkeit der Schokolade in Einklang zu bringen. Nach mehreren Versuchen kam ich auf die Idee, der Mischung einige Kirschen hinzuzufügen, die im Aufguss der Zitronenschalen gekocht worden waren. Die sanften, runden Kirschen glichen den herben Geschmack der Zitrusfrüchte aus.

Sanft, rund und ausgewogen: An diese Eigenschaften denkt man auch, wenn man den Namen des hübschen baskischen Dorfes nahe der spanischen Grenze vernimmt, nach dem diese Praline benannt ist.

Kuchen und Torten

Für 6 bis 7 Personen
Vorbereitungszeit : 1 Stunde
Backzeit: 15 Minuten

Aprikosen-Schokoladen-Herz

Für den Teig:
190 g Butter
70 g Puderzucker
1 Ei
1 Eigelb
280 g Mehl

Für die Aprikosenfüllung:
150 g Aprikosen,
frisch oder aus der Dose
30 g Puderzucker

Für den Schokoladenüberzug
(Ganache):
190 g dunkle Schokolade:
1/2 Maracaïbo und 1/2 Orinoco
(oder 95 g Edel Zartbitter Schokolade
mit 55 % und 95 g Edelbitter
Schokolade mit 70 % Kakaoanteil)
50 g Milchschokolade: Merida
(oder Milchschokolade mit
35 % Kakaoanteil)
130 g Sahne
1/2 Vanilleschote

1. In einer Schüssel Butter und Zucker verkneten, dann das Ei und das Eigelb einrühren. Anschließend rasch das Mehl einarbeiten, ohne den Teig noch allzu stark durchzukneten. Den Teig zu einer Kugel rollen, in einen Gefrierbeutel geben und mindestens zwei Stunden lang im Kühlschrank ruhen lassen (der Teig kann auch am Vortag vorbereitet werden).

2. Den Teig herausnehmen, 10 Minuten lang bei Zimmertemperatur ruhen lassen und dann zu einer 4 mm dicken Teigplatte ausrollen. Eine große herzförmige Tortenform ausfetten und mit Teig auslegen. Den Teig mit einer Gabel mehrfach einstechen. Form mit dem Teig mindestens 3 Stunden lang im Kühlschrank ruhen lassen, damit sich der Teig nicht wieder zusammenzieht.

3. Backofen auf 180 °C (Gas Stufe 2) vorheizen. Form mit Teig aus dem Kühlschrank nehmen und Teig mit Backpapier abdecken; darauf trockene Bohnen legen. Etwa 10 Minuten lang blindbacken, dann Papier und Bohnen entfernen und so lange weiterbacken, bis der Tortenboden eine goldgelbe Farbe angenommen hat. Herausnehmen und abkühlen lassen.

4. Für die Aprikosenfüllung die Früchte zerkleinern und passieren. In einen Topf gießen, den Zucker hinzugeben, aufkochen und 5 Minuten lang bei mittlerer Hitze kochen lassen; dabei von Zeit zu Zeit umrühren. Abkühlen lassen und auf dem Tortenboden verteilen.

5. Für den Schokoladenüberzug (Ganache) die Schokolade auf einem Brettchen mit einem Messer sehr fein hacken und in eine Schüssel geben. Die flüssige Sahne in einen Topf gießen, die der Länge nach durchgeschnittene Vanilleschote hineinlegen und zum Kochen bringen. 20 Sekunden lang köcheln lassen, dann in die Schüssel über die gehackte Schokolade gießen und etwa 30 Sekunden ruhen lassen.

6. Die Masse mit einem Schneebesen mit kreisenden Bewegungen von innen nach außen durchrühren. Wenn sich die Schokolade ganz aufgelöst hat und die Masse lauwarm ist, über die Aprikosenfüllung gießen und vor dem Servieren fest werden lassen.

Für 6 bis 7 Personen
Vorbereitungszeit: 1 Stunde 30 Minuten
Backzeit: 15 Minuten

Schokoladen-Biskuit-Roulade

Für den Sirup:
150 g Zucker
150 ml Wasser
2 EL Rum

Für den Teig:
5 Eier
125 g Mehl
30 g ungesüßtes Kakaopulver
155 g Zucker
1 Prise Salz

Für Schokoladenfüllung und -überzug (Ganache):
400 g dunkle Schokolade: 1/2 Orinoco und 1/2 Cuana (oder 200 g Edelbitter Schokolade mit 70 % und 200 g Edelbitter Schokolade mit 72 % Kakaoanteil)
400 g Sahne
50 g weiche Butter

1. Den Backofen auf 180 °C (Stufe 2) vorheizen und ein Backblech mit Backpapier auslegen.
2. Für den Sirup Zucker und Wasser in einen Topf geben, aufkochen und etwa 10 Minuten kochen lassen, bis sich ein dünner Sirup gebildet hat. Vom Herd nehmen, den Rum hinzufügen und umrühren.
3. Für den Teig die Eier trennen; die Eigelbe in eine kleine Schale, die Eiweiß in eine Schüssel geben. In einer zweiten Schüssel das Mehl mit dem Kakaopulver mischen und sieben. 125 g Zucker zu den Eigelben geben und zu einer schaumigen hellen Creme aufschlagen; dann die Mehl-Kakao-Mischung hinzufügen.
4. Die Eiweiße mit der Prise Salz steif schlagen, dann den übrigen Zucker hinzufügen und einige Sekunden weiterschlagen. Den Eischnee nun vorsichtig unter die andere Mischung rühren. Den Teig auf das mit Backpapier ausgelegte Blech gießen, gleichmäßig verteilen und 7 bis 8 Minuten backen.
5. Den gebackenen Biskuit aus dem Ofen nehmen und auf ein zweites Stück Backpapier stürzen. Beim Backen verwendetes Papier abziehen, wieder auf den Biskuit legen und abkühlen lassen. Dann die gesamte Biskuitplatte mit Rum tränken.
6. Für Füllung und Überzug (Ganache) die Schokolade sehr fein hacken und in eine Schüssel geben. 200 g Sahne in einen Topf gießen, aufkochen und über die Schokolade gießen. Eine Minute lang ruhen lassen, dann so lange durchrühren, bis sich die Schokolade ganz aufgelöst hat. Butter dazugeben, einrühren und die Masse etwas abkühlen lassen.
7. Inzwischen die restliche Sahne schlagen. Die Schlagsahne vorsichtig unter die vollkommen abgekühlte Ganache unterheben.
8. Die Hälfte der Ganache auf der Biskuitplatte verteilen. Die Biskuitplatte zu einer festen Roulade rollen.
9. Mit der übrigen Ganache die Biskuitroulade überziehen und diese anschließend mindestens eine Stunde lang kalt stellen. In Scheiben schneiden und mit Englischer Creme servieren.

Für 4 Personen
Vorbereitungszeit: 30 Minuten
Backzeit: 10 Minuten

Milch-schokoladen-Trüffel-Cake

500 g Schokolade:
1/5 Maracaïbo, 4/5 Merida
(oder 100 g Edel Zartbitter Schokolade
mit 55 % und 400 g Milchschokolade
mit 35 % Kakaoanteil)
300 g weiche Butter
165 g Fondant (siehe Tipp S. 76)
150 ml Kirschwasser
1 Mandelbiskuit
(siehe Rezept für Andalusischen
Mandelbiskuit auf S. 101)

Für die Verzierung:
ungesüßtes Kakaopulver

1. Die Schokolade in Stücke schneiden, in eine Schüssel geben und diese im Wasserbad bei milder Hitze erwärmen, um die Schokolade zu schmelzen.
2. Die Butter zusammen mit dem Fondant in einem Topf bei milder Hitze 2 Minuten lang unter Umrühren erwärmen, so dass eine einheitliche Masse entsteht, ohne dass die beiden Zutaten vollkommen schmelzen.
3. Diese Mischung in die Rührschüssel der Küchenmaschine gießen, das Kirschwasser nach und nach dazugeben und so lange durchrühren lassen, bis sie schaumig geworden ist. Die Mischung in die flüssige, aber gerade noch lauwarme Schokolade einrühren.
4. Den Mandelbiskuit auf ein Kuchengitter legen und in drei gleich große Rechtecke schneiden. Zwei Drittel der Creme auf zwei der drei Rechtecke verteilen, die beiden Rechtecke übereinander legen und mit dem dritten abdecken. Etwa 1 Stunde lang im Kühlschrank ruhen lassen.
5. Wenn der Kuchen kalt ist, die restliche Schokoladencreme im Wasserbad weich werden lassen, ohne dass sie schmilzt. Alle Oberflächen des Kuchens mit dieser Creme überziehen. Den Kuchen wieder für 1 Stunde in den Kühlschrank stellen.
6. Den Kuchen vor dem Servieren mit gesiebtem Kakaopulver überstäuben.

Für 5 bis 6 Personen
Vorbereitungszeit: 30 Minuten
Backzeit: 30 bis 35 Minuten

Schokoladen-Früchte-Kuchen

100 g dunkle Schokolade: Maracaïbo (oder 100 g Edel Zartbitter Schokolade mit 55 % Kakaoanteil)
50 g Smyrna-Rosinen
1 EL brauner Rum
1 unbehandelte Zitrone
250 g Butter
270 g Zucker
8 Eier
250 g Mehl
15 g ungesüßtes Kakaopulver
1 TL Backpulver (5 g)
200 g gemischte kandierte Früchte (mit Kirschen)
50 g Orangeat
1 Prise Salz

1. Eine 25 cm lange Kastenform einfetten und innen mit Mehl bestäuben.
2. Schokolade hacken und im Wasserbad schmelzen, dann abkühlen lassen. Rosinen in Rum einlegen und einweichen lassen. Die Zitrone halb abschälen und die Schale in feine Streifen schneiden.
3. Die Butter in einer Schüssel verrühren, bis sie cremig geworden ist. 250 g Zucker einarbeiten. Die geschmolzene Schokolade darüber gießen und einrühren.
4. 6 Eier trennen. Die 6 Eigelb mit den 2 ganzen Eiern und der Butter-Zucker-Schokoladenmasse verrühren.
5. Das Mehl mit dem Kakao und dem Backpulver vermischen und in die Masse sieben. Die kandierten Früchte, das Orangeat, die Zitronenschale und die abgetropften Rosinen hinzufügen und alles umrühren.
6. Eiweiß mit dem Salz schlagen, den Zucker hinzufügen und so lange aufschlagen, bis der Eischnee ganz steif ist. Den Eischnee vorsichtig unter den Teig heben und in die Kastenform einfüllen.
7. Den Backofen auf 220 °C (Gas 4) vorheizen und den Kuchen 8 Minuten lang backen, dabei mit Alufolie abdecken. Dann bei geringerer Hitze auf 180 °C (Gas Stufe 2) noch etwa 60 bis 65 Minuten weiterbacken lassen.
8. Den Kuchen aus dem Ofen nehmen, sofort auf ein Tortengitter stürzen und abkühlen lassen.

Tipp: Den Kuchen gleich, nachdem er aus dem Ofen gekommen ist, mit Rum einpinseln. Die aus dem Kuchen entweichende Wärme lässt den Alkohol sofort verfliegen, zurück bleibt das Aroma.

Für 4 bis 6 Personen
Vorbereitungszeit: 25 Minuten
Backzeit: 25 Minuten

Weicher Schokoladenbiskuit

70 g dunkle Schokolade:
1/3 Cuana und 2/3 Bloc noir
(oder 25 g Edelbitter Schokolade mit 72 % und 45 g Edelbitter Schokolade mit 60 % Kakaoanteil)
70 g Butter
70 g gemahlene Mandeln
2 Eier und 6 Eigelb
165 g Zucker
40 g ungesüßtes Kakaopulver
4 Eiweiß
1 Prise Salz
1/2 TL natürliches Vanilleextrakt

1. Eine Kuchenform mit 26 cm Durchmesser einfetten und innen mit Mehl bestäuben. Den Backofen auf 180 °C (Gas Stufe 2) vorheizen.
2. Die Schokolade im Wasserbad zum Schmelzen bringen, die Butter hinzufügen und einarbeiten. Wenn alles vermischt ist, die gemahlenen Mandeln einrieseln lassen und einrühren; dann die Mischung vom Herd nehmen.
3. Eier und Eigelb mit 150 g Zucker und dem Kakaopulver schaumig schlagen. Anschließend in die andere Mischung einarbeiten.
4. Eiweiß in eine Schüssel geben, Salz hinzufügen und steif schlagen. Den restlichen Zucker und das Vanilleextrakt dazugeben und einige Sekunden lang weiterschlagen. Den Eischnee vorsichtig unter die Schokoladenmischung heben und alles in die Form füllen.
5. Ungefähr 30 Minuten lang backen lassen. Mit einer Messerklinge in der Mitte prüfen, ob der Kuchen durchgebacken ist: Ist sie nach dem Einstechen sauber, den Kuchen aus dem Ofen nehmen, ansonsten noch einige Minuten länger backen.
6. Den Schokoladenbiskuit auf eine mit einem Küchenhandtuch bedeckte Platte stürzen. Vor dem Servieren abkühlen lassen.

Tipp: Über den erkalteten Kuchen Kakaopulver stäuben und zusammen mit einer leichten Karamellcreme servieren.

Schokolade & Zimt

Cannelle

Unter einem schwarzen Überzug eine Füllung mit feinem Zimtaroma. Die besondere Note entsteht dank einer sorgfältigen Auswahl des Gewürzes, das ausschließlich in Form von Stangen verwendet wird, denn nur diese enthalten den vollständig ausgeprägten Geschmack. Die Stangen lässt man in der Sahne ziehen. Mit diesem sanften Hauch von Zimt kann sich der kräftige Schokoladengeschmack erst richtig entfalten.

Ich liebe den Klang des französischen Wortes ›Cannelle‹, Zimt. Er drückt auf melodische Weise die aromatische Harmonie von Zimt und Kakao aus.

Für 6 bis 8 Personen
Vorbereitungszeit: 1 Stunde 30 Minuten
Backzeit: 25 Minuten

Andalousie

Für den Mandelbiskuit:
130 g gemahlene Mandeln
130 g Puderzucker
30 g ungesüßtes Kakaopulver
8 Eiweiß
100 g Puderzucker
1 Prise Salz

Für die Zitronencreme:
2 unbehandelte Zitronen
70 g Zucker
40 g Butter
1 Eigelb
1 Ei
3 Blatt Gelatine
75 g geschlagene Sahne

Für die Schokoladencreme (Ganache):
250 g dunkle Schokolade:
2/3 Orinoco und 1/3 Maracaïbo
(oder 165 g Edelbitter Schokolade
mit 70 % und 85 g Edel Zartbitter
Schokolade mit 55 % Kakaoanteil)
200 g Sahne
80 g weiche Butter

Für den Guss siehe Rezept S. 166

1. Für den Mandelbiskuit die gemahlenen Mandeln und den Zucker sieben und mit dem Kakaopulver vermengen. Eiweiß steif schlagen; dabei zuerst eine Prise Salz und dann den Puderzucker hinzufügen. Den Eischnee über die Mandelmischung geben und vorsichtig unterheben.
2. Den Backofen auf 200 °C (Gas Stufe 3) vorheizen. Ein Kuchenblech mit Backpapier auslegen, den Teig darüber gießen und verteilen. 15 Minuten backen.
3. Den Biskuit aus dem Ofen nehmen, auf ein Kuchengitter stürzen und Blech und Backpapier entfernen. (Wenn es sich nicht ablösen lässt, leicht mit Wasser einpinseln.) Den abgekühlten Mandelbiskuit in drei gleiche Teile schneiden.
4. Für die Zitronencreme die Zitronen schälen, pressen und den durchgesiebten Saft in einen Topf gießen. Geriebene Schale sowie Zucker, Butter, Ei und Eigelb hinzufügen.
5. Den Topf im Wasserbad langsam erwärmen und mit dem Schneebesen durchrühren, bis die Creme kocht und dick wird. Vom Herd nehmen und die zuvor in kaltem Wasser eingeweichte und ausgedrückte Gelatine einrühren und abkühlen lassen. Die Creme in eine Schüssel füllen und abkühlen lassen, bis die Creme zu gelieren anfängt. ...

... **6.** Für die Schokoladencreme die Schokolade sehr fein hacken und in eine Schüssel geben. Die Hälfte der Sahne in einem Topf aufkochen und über die Schokolade gießen. 1 Minute warten, dann gut durchrühren, bis sich die Schokolade aufgelöst hat. Im Kühlschrank fest werden lassen.

7. Von dieser Schokoladencreme (Ganache) 250 g entnehmen und im Wasserbad erwärmen. In die Rührschüssel einer Küchenmaschine füllen, die Butter hinzufügen und schaumig schlagen. Die so erhaltene Mischung in eine Schüssel gießen, die restliche Sahne steif schlagen und mit einem Spachtel unterheben.

8. Die Zitronencreme mit einem Schneebesen glatt rühren und die geschlagene Sahne vorsichtig unterheben.

9. Die Torte aufbauen: Ein Rechteck Mandelbiskuit auf einen Teller legen, einen Teil der Schokoladencreme darauf verteilen, mit einem zweiten Biskuitrechteck abdecken, dieses mit der Zitronencreme bedecken, zuletzt das dritte Biskuitrechteck darüber legen. Mindestens 1 Stunde lang im Kühlschrank ruhen lassen.

10. Wenn die Torte abgekühlt ist, die restliche Schokoladencreme (Ganache) im Wasserbad erwärmen und mit dem Schneebesen durchrühren. Den obersten Biskuit der Torte mit dieser Creme bestreichen. Dann die Torte wieder für 1 Stunde in den Kühlschrank stellen.

11. Etwa 30 Minuten vor dem Servieren die Torte mit einem Schokoladenguss überziehen (Rezept S. 166).

Diese Torte bleibt im Kühlschrank 2 bis 3 Tage frisch.

Tipp: Damit die Zitronencreme nicht bitter schmeckt, die Schale ohne weiße Haut verwenden.

Für 6 Personen
Vorbereitungszeit: 30 Minuten
Backzeit: 40 Minuten

Feiner Zitronenkuchen

1 unbehandelte Zitrone
100 g Butter
350 g Zucker
4 Eier
75 g Sahne
250 g Mehl
1 TL Backpulver

1. Eine 25 cm lange Kastenform einfetten und innen mit Mehl bestäuben.
2. Zitrone schälen und die Schale fein hacken. Die Butter mit dem Zucker in eine Schüssel geben und schaumig rühren. Ein Ei nach dem anderen einarbeiten, ohne das Rühren zu unterbrechen.
3. Sahne dazugießen, weiterrühren, dann Zitronenschale dazugeben, Mehl und Backpulver darüber sieben und wieder rühren.
4. Den Backofen auf 200 °C (Gas Stufe 3) vorheizen. Den Teig in die Form füllen.
5. 15 Minuten backen, dann die Hitze auf 160 °C (Gas 1) reduzieren, den Kuchen mit Alufolie abdecken und weitere 55 bis 60 Minuten backen. Um festzustellen, ob der Kuchen fertig ist, mit einem Messer in die Mitte stechen: Wenn der Kuchen durch ist, bleibt die Klinge sauber.
6. Den Kuchen aus dem Ofen nehmen und vor dem Servieren abkühlen lassen.

Tipp: In Frischhaltefolie gewickelt bleibt dieser Kuchen bei Zimmertemperatur mehrere Tage lang frisch.

Für 6 bis 7 Personen
Vorbereitungszeit: 1 Stunde 30 Minuten
Backzeit: 25 Minuten

Bacchus

Für Füllung und Überzug (Ganache):
100 g Rosinen (aus Smyrna oder Kalifornien)
100 ml Rum (54 %vol.)
300 g dunkle Schokolade:
1/2 Maracaïbo und 1/2 Orinoco
(oder 150 g Edel Zartbitter Schokolade mit 55 % und 70 g Edelbitter Schokolade mit 70 % Kakaoanteil)
300 g Sahne
60 g weiche Butter

Für den Biskuit:
100 g gemahlene Mandeln
100 g Zucker
30 g ungesüßtes Kakaopulver
6 Eiweiß
1 Prise Salz
30 g Zucker

Für den Guss siehe Rezept S. 166

1. Etwa 24 Stunden vor dem Backen die Rosinen vorbereiten: Unter warmem Wasser waschen, in eine Schüssel geben, mit warmem Wasser bedecken und 4 Minuten lang quellen lassen. Abtropfen lassen, in einen Topf geben und auf dem Herd bei milder Hitze erwärmen. Die Rosinen umrühren, bis sie heiß sind; dann vom Herd nehmen, den Rum darüber gießen und im Topf flambieren. Den Topf dabei schütteln. Abdecken und abkühlen lassen.
2. Für den Biskuit die gemahlenen Mandeln und den Zucker in einer Schüssel miteinander vermengen und das Kakaopulver hinzufügen. Eiweiß in eine andere Schüssel geben, Salz einstreuen und zu steifem Schnee schlagen. Den Zucker einrühren. Die Mandelmischung hinzufügen und vorsichtig unter den Eischnee rühren.
3. Den Backofen auf 180 °C (Gas Stufe 20) vorheizen und ein Backblech mit Backpapier auslegen. Wenn der Backofen heiß ist, den Mandelteig auf das Papier gießen und so darauf verteilen, dass die Teigschicht 1 cm hoch ist. 15 Minuten lang backen.
4. Das Blech aus dem Ofen nehmen, auf ein Kuchengitter legen, mit Backpapier bedecken und auskühlen lassen, ohne das Papier zu entfernen. ...

... **5.** Das Papier abziehen und den Mandelbiskuit in drei gleich große Rechtecke schneiden.

6. Die Hälfte der Sahne für Füllung und Überzug in eine Schüssel gießen und 10 Minuten lang in die Kühltruhe stellen.

7. Für Füllung und Überzug (Ganache) die Schokolade fein hacken und in eine Schüssel geben. Die restliche Sahne in einem Topf aufkochen und über die Schokolade gießen. 30 Sekunden ruhen lassen, dann mit dem Schneebesen vorsichtig mit kreisenden Bewegungen von innen nach außen umrühren, bis sich die Schokolade vollständig aufgelöst hat. Die Butter zugeben und vorsichtig rühren, bis eine einheitliche Masse entstanden ist.

8. Die Schüssel mit der gekühlten Sahne aus der Tiefkühltruhe nehmen und mit einem Rührgerät sehr steif schlagen. Vorsichtig unter die Ganache heben. Es sollte eine glatte, ölig wirkende Schokoladencreme entstehen.

9. Zwei Drittel der Ganache mit Schlagsahne auf zwei Mandelbiskuit-Rechtecke verteilen. Dabei zur ersten Schicht Creme 50 g flambierte Rosinen zugeben. Die bestrichenen Biskuitrechtecke übereinander legen und das dritte Rechteck zuoberst legen.

10. Alle Oberflächen der Torte mit der restlichen Ganache bestreichen, die Oberseite mit den restlichen Rosinen bestreuen und für 1 Stunde in den Kühlschrank stellen.

11. Etwa 30 Minuten vor dem Servieren mit einem Schokoladenguss überziehen (Rezept S. 166).

Tipp: Um zu verhindern, dass die Glasur auf der Torte zu dick wird, diese beim Glasieren schräg stellen. So lässt sich überschüssige Glasur leichter entfernen.

Baskischer Schokoladenkuchen

Für 6 Personen
Vorbereitungszeit: 1 Stunde
Backzeit: 1 Stunde

Für den Teig:
250 g Mehl
1 TL Backpulver
1 TL Vanillezucker
Schale von 1 unbehandelten Zitrone
200 g Butter
200 g Zucker
1 Ei und 2 Eigelb

Für die Creme:
250 ml Milch
20 g ungesüßtes Kakaopulver
2 Eigelb
30 g Zucker
25 g Mehl
50 ml Rum

Zum Einpinseln:
1 Eigelb

1. Für den Teig Mehl und Backpulver in eine Schüssel sieben, Vanillezucker hinzufügen und die fein geriebene Zitronenschale dazugeben.
2. Butter und Zucker in einer Schüssel verkneten. Das Ei und die 2 Eigelb einrühren, dann die Hälfte des Mehls einarbeiten. Durchkneten, dann das restliche Mehl dazugeben. Weiterkneten, bis ein glatter Teig entsteht. Diesen teilen, zu zwei gleich großen Kugeln rollen und sie 1 Stunde im Kühlschrank ruhen lassen.
3. Währenddessen die Schokoladencreme nach den Anweisungen im Rezept für Schokoladen-Eclairs zubereiten (S. 75). Rum zur Creme geben, einrühren und die Creme abkühlen lassen.
4. Die Teigkugeln aus dem Kühlschrank nehmen, in zwei große und 1 kleines Stück teilen. Die großen Stücke zu Platten von 25 cm Durchmesser ausrollen. Eine Springform mit 25 cm Durchmesser einfetten und eine Teigscheibe auf den Boden der Form legen; das kleine Teigstück zu einer Rolle formen und als 2 cm hohen Rand an die Wand der Form drücken.
5. Den Backofen auf 180 °C (Gas Stufe 2) vorheizen. Die abgekühlte Creme auf den Teigboden füllen und verteilen. Die zweite Teigplatte auf die Creme legen und die Ränder der beiden Teigplatten miteinander verbinden.
6. Den Kuchen mit Eigelb einpinseln, damit er beim Backen eine goldgelbe Farbe bekommt. 35 bis 40 Minuten lang backen. Lauwarm oder kalt servieren.

Tipp: Wird der Kuchen beim Backen zu dunkel, ihn zwischendurch mit Alufolie abdecken. – In Frischhaltefolie gewickelt bleibt der Baskische Schokoladenkuchen bei Zimmertemperatur 2 Tage lang frisch.

Schokolade & Himbeere

Salvador

Eine Füllung, die das Fruchtfleisch von Himbeeren enthält. Die außergewöhnliche Verbindung gelingt nur mit Früchten, die am Ende der Saison gereift sind. Sie haben reichlich Sonne genossen und duften sehr intensiv. Dies war die erste aromatisierte Ganache von *La Maison du Chocolat*; sie stammt aus dem Jahr 1978. Zum lebhaften Aroma der Himbeere passt nur ein dunkler, pikanter und kräftiger Überzug, der es mit der Frucht aufnehmen kann. Aus diesem Grund der klangvolle Name, der einer Region entliehen ist, in der die besten Kakaosorten angebaut werden.

LA MAISON DU CHOC
PARIS

Für 6 bis 7 Personen
Vorbereitungszeit: 1 Stunde 30 Minuten
Backzeit: 20 Minuten

Gounod

Für den Sirup:
200 g Zucker
200 ml Wasser
60 ml Grand Marnier

Für den Teig:
5 Eier
125 g Mehl
30 g ungesüßtes Kakaopulver
125 g Zucker
1 Prise Salz

Für Füllung und Überzug (Ganache):
150 g Orangeat
400 g dunkle Schokolade:
2/3 Orinoco und 1/3 Cuana
(oder 260 g Edelbitter Schokolade
mit 70 % und 140 g Edelbitter
Schokolade mit 72 % Kakaoanteil)
400 g Sahne
50 g weiche Butter

Für den Guss siehe Rezept S. 166

1. Für den Sirup Wasser und Zucker in einen Topf geben und etwa 10 bis 15 Minuten kochen, bis sich ein dünner Sirup gebildet hat. Vom Herd nehmen und den Grand Marnier einrühren.
2. Den Backofen auf 180 °C (Gas Stufe 2) vorheizen und ein Backblech mit Backpapier auslegen. Das Orangeat in sehr kleine Würfel schneiden.
3. Für den Teig die Eier trennen. In einer Schüssel Mehl und Kakaopulver vermengen und sieben. 100 g Zucker zu den Eigelben geben und die Mischung zu einer hellen Creme aufschlagen, dann vermengtes Mehl und Kakaopulver einarbeiten.
4. Restliches Eiweiß mit Salz zu steifem Schnee schlagen. Den restlichen Zucker dazugeben und einige Sekunden weiterschlagen. Eischnee vorsichtig unter die Eiercreme rühren. Den Teig auf dem mit Backpapier ausgelegten Blech verteilen und 7 bis 8 Minuten backen.
5. Den Biskuit aus dem Ofen nehmen und auf ein zweites Stück Backpapier stürzen. Das beim Backen verwendete Papier abziehen, wieder auf den Biskuit legen und abkühlen lassen. ...

… **6.** Den Biskuit in drei gleich große Rechtecke schneiden und alle drei mit Sirup tränken. Den Sirup einziehen lassen.
7. Für Füllung und Überzug (Ganache) die Schokolade hacken und in eine Schüssel geben. 200 g Sahne in einem Topf zum Kochen bringen und über die Schokolade gießen. 1 Minute ruhen lassen. Durchrühren, bis sich die Schokolade aufgelöst hat. Butter hinzufügen, einrühren und etwas abkühlen lassen. Die restliche Sahne in einer Schüssel steif schlagen und behutsam unter die Ganache heben.
8. Zwei Drittel der Ganache auf zwei der drei Biskuitrechtecke auftragen. Das Orangeat in die erste Schicht Creme einbetten. Die beiden bestrichenen Biskuitstücke übereinander legen und mit dem dritten Stück abdecken.
9. Alle Oberflächen des Kuchens mit der restlichen Ganache bestreichen. Den Kuchen für 1 Stunde in den Kühlschrank stellen.
10. Die Torte etwa 30 Minuten vor dem Servieren mit einem Schokoladenguss überziehen (Rezept S. 166).

Tipp: Den Kuchen mit Orangenschalen verzieren und mit Englischer Creme servieren.

Für 6 Personen
Vorbereitungszeit: 45 Minuten
Backzeit: 10 Minuten

Schokoladen-charlotte

Für den Sirup:
250 ml Wasser
200 g Zucker
100 ml Rum

Für die Schokoladencreme:
250 g Zucker
75 ml Wasser
250 g dunkle Schokolade:
3/4 Bloc noir und 1/4 Orinoco
(oder 165 g Edelbitter Schokolade
mit 60 % und 85 g Edelbitter
Schokolade mit 70 % Kakaoanteil)
100 g weiche Butter
5 Eiweiß
3 Blatt Gelatine

250 g Löffelbiskuits

Für die Schlagsahne:
250 g Sahne
1 EL Zucker

1. Für den Sirup Wasser und Zucker in einen Topf geben und bei mittlerer Hitze zu einem dünnen Sirup einkochen lassen. Den Rum hinzufügen und vom Herd nehmen.
2. Für die Schokoladencreme den Zucker in einen Topf geben, Wasser hinzufügen und bei milder Hitze zu einem dicken Sirup einkochen lassen.
3. Die Schokolade in Stücke brechen, in eine Schüssel geben und im Wasserbad zum Schmelzen bringen. Die Butter in einem kleinen Topf bei mittlerer Hitze schmelzen und abkühlen lassen.
4. Eiweiß in einer Schüssel mit dem elektrischen Handrührer zu steifem Schnee schlagen. Den dicken Sirup in dünnem Strahl einfließen lassen, ohne mit dem Rühren aufzuhören. Die eingeweichte und ausgedrückte Gelatine dazugeben.
5. Die geschmolzene Schokolade mit der Butter vermischen. Unter diese Mischung vorsichtig den Eischnee heben, bis eine glatte Creme entsteht.
6. 4 Löffelbiskuits mit Rumsirup tränken und auf den Boden einer Charlottenform mit 1 l Fassungsvermögen legen. Darüber eine 1 cm dicke Schicht Schokoladencreme geben, dann wieder eine Schicht mit Rumsirup getränkte Löffelbiskuits usw. Mit einer Lage Löffelbiskuits abschließen. Mit Folie abdecken und ebenso wie die restliche Schokoladencreme mindestens 12 Stunden im Kühlschrank ruhen lassen.
7. Einige Zeit vor dem Servieren die Charlotte im Wasserbad erwärmen, so dass die Creme am Rand weich wird. Auf eine Tortenplatte stürzen. Um die Charlotte herum die restliche Schokoladencreme und mit Rumsirup getränkte Löffelbiskuits anrichten. Die Charlotte mit Schlagsahne servieren.

Tipp: Zur Schokoladencharlotte passen auch rote Früchte oder eine Englische Schokoladencreme (Rezept S. 141).

Für 6 bis 7 Personen
Vorbereitungszeit: 1 Stunde 30 Minuten
Backzeit: 20 Minuten

Moccambo

Für Füllung und Überzug (Ganache):
300 g dunkle Schokolade:
2/3 Maracaïbo und 1/3 Orinoco
(oder 200 g Edel Zartbitter Schokolade mit 55 % und 100 g Edelbitter Schokolade mit 70 % Kakaoanteil)
150 g Sahne
60 g weiche Butter
80 g Himbeermark

Für den Biskuit:
100 g gemahlene Mandeln
100 g Puderzucker
30 g ungesüßtes Kakaopulver
6 Eiweiß
1 Prise Salz
30 g Zucker

Für den Guss siehe Rezept S. 166

1. Für Füllung und Überzug (Ganache) die Schokolade sehr fein hacken und in eine Schüssel geben. Sahne in einem Topf aufkochen und noch kochend über die Schokolade gießen. 1 Minute ruhen lassen, anschließend durchrühren, bis sich die Schokolade aufgelöst hat. 2 Stunden in den Kühlschrank stellen.
2. Zwei Drittel dieser Sahne-Schokoladen-Creme im Wasserbad erwärmen, Butter unterrühren und ca. 12 Stunden bei Zimmertemperatur ruhen lassen.
3. Ein Backblech mit Backpapier auslegen und den Backofen auf 180 °C (Gas Stufe 2) vorheizen.
4. Für den Biskuitteig die gemahlenen Mandeln und den Puderzucker in eine Schüssel geben, das Kakaopulver hinzufügen, alles vermengen und durch ein Sieb streichen.
5. Eiweiß in einer Schüssel mit der Prise Salz zu steifem Schnee schlagen, den Zucker hinzufügen und noch einige Sekunden weiterschlagen. Eischnee vorsichtig unter die Mandelmischung heben. Den Teig auf dem mit Backpapier belegten Backblech verteilen und 15 Minuten backen.
6. Den Biskuit auf ein Kuchengitter stürzen, abkühlen lassen und anschließend das Papier vorsichtig abziehen. Die Biskuitplatte längs in drei gleich große Teile schneiden.
7. Die Ganache 3 bis 5 Minuten lang mit dem Handrührer schlagen, dann auf zwei Biskuitstücke verteilen. Himbeermark auf eine der Ganacheschichten streichen, wenn diese schon etwas erhärtet ist. Das zweite mit Ganache bestrichene Stück darüber legen, darauf das dritte Stück. 1 Stunde im Kühlschrank kalt stellen.

8. Wenn die Torte kalt ist, die restliche Ganache im Wasserbad erwärmen. Alle Oberflächen der Torte damit bestreichen. Wieder 1 Stunde im Kühlschrank ruhen lassen.
9. Die Torte etwa 30 Minuten vor dem Servieren mit einem Schokoladenguss überziehen (Rezept S. 166).

Tipp: Moccambo mit frischen Himbeeren dekorieren und mit Himbeer-Coulis servieren.

Schokolade & Fenchel

Garrigue

Der dunkle Überzug umhüllt eine Füllung mit Fenchel-Aroma. Die Zweige und Samen des Fenchels wurden leicht zerstoßen und dann in die Sahne gelegt. Der Zeitraum, in dem der Fenchel auf die Sahne einwirkt, muss genau abgestimmt sein, damit der Geschmack des Fenchels nicht den Schokoladengeschmack überlagert. Eine kühne Verbindung, die viel Fingerspitzengefühl erfordert – und ein aromatisches Feuerwerk, das Impressionen der Provence heraufbeschwört.

Für 6 Personen
Vorbereitungszeit: 20 Minuten
Backzeit: 20 Minuten

Pleyel

200 g dunkle Schokolade:
1/2 Bloc noir und 1/2 Cuana
(oder 100 g Edelbitter Schokolade mit 60 % und 100 g Edelbitter Schokolade mit 72 % Kakaoanteil)
5 Eier
180 g weiche Butter
1 Fläschchen flüssiges Vanillearoma
200 g Puderzucker
100 g Mehl
75 g gemahlene Mandeln
1 Prise Salz
20 g Zucker

1. Eine 25 cm lange Kastenform einfetten und innen mit Mehl bestäuben.
2. Die Schokolade in kleine Stücke schneiden, in eine Schüssel geben und im Wasserbad bei milder Hitze schmelzen lassen.
3. Die Eier trennen. Die Butter in Stücke schneiden, zur geschmolzenen Schokolade geben und umrühren. Vanille, Eigelb und Puderzucker nach und nach einarbeiten. Gemahlene Mandeln hinzufügen, aus dem Wasserbad nehmen, Mehl hineinsieben und alles miteinander vermengen. Backofen auf 200 °C (Gas Stufe 3) vorheizen.
4. Eiweiß mit Salz steif schlagen. Zucker einrieseln lassen, dabei immer weiterschlagen. Eischnee unter die Schokoladenmischung heben, so dass ein glatter Teig entsteht.
5. Den Teig in die Form einfüllen. 10 Minuten backen, den Backofen auf 180 °C (Gas Stufe 2) herunterschalten, den Kuchen mit Alufolie abdecken und 50 bis 55 Minuten backen. Mit einem Messer in die Mitte des Kuchens einstechen, um zu prüfen, ob der Kuchen fertig ist: wenn die Klinge sauber bleibt, ist er durchgebacken.
6. Kuchen aus dem Ofen nehmen, auf eine Kuchenplatte stürzen und vor dem Servieren abkühlen lassen.

Tipp: In Frischhaltefolie gewickelt bleibt dieser Kuchen 3 Tage lang bei Zimmertemperatur frisch.

Für 6 bis 7 Personen
Vorbereitungszeit: 1 Stunde 30 Minuten
Backzeit: 20 Minuten

Schokoladen-traum

Füllung und Überzug (Ganache):
300 g dunkle Schokolade:
1/2 Bloc noir und 1/2 Cuana
(oder 150 g Edelbitter Schokolade mit 60 % und 150 g Edelbitter Schokolade mit 72 % Kakaoanteil)
150 g Sahne
50 g weiche Butter

Für den Mandelbiskuit:
100 g gemahlene Mandeln
100 g Puderzucker
30 g ungesüßtes Kakaopulver
6 Eiweiß
1 Prise Salz
30 g Zucker

Für den Guss siehe Rezept S. 166

1. Für Füllung und Überzug (Ganache) die Schokolade fein hacken und in eine Schüssel geben. Sahne in einem Topf zum Kochen bringen. Die kochende Sahne über die Schokolade gießen, 1 Minute ruhen lassen und durchrühren. 2 Stunden im Kühlschrank kalt stellen.
2. Die Butter glatt rühren und nach und nach zwei Drittel der zuvor im Wasserbad leicht erwärmten Schokoladenmasse einarbeiten. 12 Stunden bei Zimmertemperatur ruhen lassen.
3. Für den Mandelbiskuit die gemahlenen Mandeln und den Puderzucker in eine Schüssel geben, miteinander vermengen, Kakao hinzufügen und durch ein Sieb streichen. Eiweiß in einer Schüssel mit Salz steif schlagen. Rasch den Zucker einrieseln lassen und aufhören zu schlagen. Die Mandelmischung über den Eischnee geben und diesen vorsichtig mit einem Spachtel unterheben.
4. Backofen auf 180 °C (Gas Stufe 2) vorheizen. Ein Backblech mit Backpapier auslegen, den Teig gleichmäßig darauf verteilen und 15 Minuten backen.
5. Das Blech herausnehmen, den Biskuit auf ein Kuchengitter stürzen und das Backpapier vorsichtig entfernen. Die Biskuitplatte in drei gleich große Rechtecke schneiden.
6. Die Creme mit dem Handrührer 3 bis 5 Minuten schlagen. Auf zwei Biskuitrechtecke verteilen. Rechtecke übereinander schichten, mit drittem Rechteck bedecken.
7. Mit der restlichen Schokoladencreme alle Oberflächen der Torte bestreichen. Torte 1 Stunde lang kalt stellen.
8. Die Torte etwa 30 Minuten vor dem Servieren mit Schokoladenguss überziehen (Rezept S. 166).

Für 8 bis 10 Personen
Vorbereitungszeit: 1 Stunde 30 Minuten
Backzeit: 15 Minuten

Biskuitrolle Isabella

Für den Biskuit:
4 Eier
100 g Mehl
20 g ungesüßtes Kakaopulver
120 g Zucker
1 Prise Salz

Für den Sirup:
150 ml Wasser
150 g Zucker
30 ml Birnengeist

Für Füllung und Überzug aus dunkler Schokolade (Ganache):
200 g dunkle Schokolade:
1/3 Maracaïbo und 2/3 Orinoco
(oder 65 g Edel Zartbitter Schokolade mit 55 % und 135 g Edelbitter Schokolade mit 70 % Kakaoanteil)
1/2 Vanilleschote
200 g Sahne

Für die Füllung aus Milchschokolade (Ganache):
1 Blatt Gelatine
250 g Milchschokolade:
3/4 Merida und 1/4 Maracaïbo (165 g Schokolade mit 35 % und 85 g Schokolade mit 55 % Kakaoanteil)
200 g Sahne

3 eingemachte Birnen

Für den Guss siehe Rezept S. 166

1. Den Backofen auf 180 °C (Gas Stufe 2) vorheizen und ein Backblech mit Backpapier belegen.
2. Für den Biskuit die Eier trennen. In einer Schüssel Mehl und Kakao vermengen und sieben. Über die Eigelbe 100 g Zucker rieseln lassen, zu einer hellen, schaumigen Creme aufschlagen und die Mehl-Kakao-Mischung dazugeben und einarbeiten. Eiweiß mit Salz steif schlagen. Restlichen Zucker einrieseln lassen und noch einige Sekunden lang weiterschlagen. Eischnee vorsichtig mit einem Spachtel unter die Eiercreme heben. Teig auf dem mit Backpapier ausgelegten Blech verteilen und 7 bis 8 Minuten backen.
3. Für den Sirup Wasser mit Zucker in einem Topf aufkochen. Bei milder Hitze etwa 10 Minuten zu einem dünnen Sirup einkochen lassen. Vom Herd nehmen und den Birnengeist einrühren.
4. Den fertig gebackenen Biskuit auf ein zweites Stück Backpapier stürzen. Das beim Backen verwendete Papier abziehen, wieder auf den Biskuit legen und abkühlen lassen.
5. Für die Ganache aus dunkler Schokolade die Schokolade sehr fein hacken und in eine Schüssel geben. Vanilleschote der Länge nach halbieren und über einem Topf auskratzen, so dass das Mark hineinfällt. 150 g Sahne hinzufügen, aufkochen und über die Schokolade gießen.
1 Minute ruhen lassen, dann durchrühren, bis sich die Schokolade aufgelöst hat, und etwas erkalten lassen. Die restliche Sahne steif schlagen und vorsichtig unter die abgekühlte Ganache ziehen.
6. Die Biskuitplatte in drei gleich große Rechtecke schneiden und diese mit Sirup tränken. Zwei Drittel der Ganache aus dunkler Schokolade auf einem Rechteck verteilen und fest werden lassen.
7. Für die Ganache aus Milchschokolade die Gelatine in kaltem Wasser einweichen. Milchschokolade in feine Stücke hacken und in eine Schüssel geben. 100 g Sahne in einem Topf aufkochen.
Sahne über die Schokolade gießen, 1 Minute ruhen lassen, dann durchrühren. Abgetropfte Gelatine hinzufügen und

warten, bis sie sich aufgelöst hat. Die restliche Sahne steif schlagen, behutsam unter die Milchschokoladen-Ganache ziehen und ruhen lassen.

8. Birnen abtropfen lassen und in Scheiben schneiden. Wenn die Schicht dunkle Ganache auf dem ersten Biskuitrechteck etwas fester geworden ist, die Hälfte der Birnenscheiben darauf legen. Darüber kommt das zweite Biskuitrechteck, das mit der gesamten Milchschokoladen-Ganache bestrichen wird. Sobald diese Schicht Ganache ebenfalls fester ist, die übrigen Birnenscheiben auflegen. Mit dem letzten Biskuitrechteck bedecken.

9. Mit der restlichen Masse die ganze Torte einstreichen. Etwa 1 Stunde kalt stellen.

10. Inzwischen den Schokoladenguss vorbereiten (Rezept S. 166). Den gekühlten Kuchen mit dem flüssigen, lauwarmen Guss bestreichen.

Schokolade & Pistazie

Jolika

Die Hülle aus schwarzer Schokolade – mit Pistazienstücken verziert – und die Verbindung mit fein zerstoßenen Pistazien und einem Hauch Kirschwasser verleihen dem Marzipan aus rohen Mandeln ein intensives, raffiniertes Aroma. Diese Komposition ist nicht stark gesüßt.
Ihren Namen verdankt die Praline einem Pistazienkuchen, den ich während meiner Lehrzeit in der Schweiz kennen lernte.

Für 6 Personen
Vorbereitungszeit: 1 Stunde 30 Minuten
Backzeit: 30 Minuten

Zarte Biskuittorte mit Äpfeln

Für den Sirup:
250 ml Wasser
200 g Zucker
1 EL dunkler Rum

Für den Biskuit:
4 Eier
100 g Zucker
125 g Mehl
25 g ungesüßtes Kakaopulver

Für Füllung und Überzug (Ganache):
300 g dunkle Schokolade:
2/3 Orinoco und 1/3 Bloc noir
(oder 200 g Edelbitter Schokolade
mit 70 % und 100 g Edelbitter Schokolade
mit 60 % Kakaoanteil)
150 g Sahne
60 g flüssiger Blütenhonig
50 g weiche Butter
50 ml Rum
250 g Schlagsahne

Für die Apfelfüllung:
4 Äpfel (Gala, Boskoop)
150 g Zucker

Für den Guss siehe Rezept S. 166

1. Für den Sirup in einem Topf Wasser mit Zucker aufkochen und etwa 10 Minuten köcheln lassen, bis sich ein dünner Sirup gebildet hat. Vom Herd nehmen und den Rum einrühren.
2. Für den Biskuit die Eier in einer Schüssel mit Zucker cremig schlagen. Mehl und Kakao behutsam unterrühren.
3. Backofen auf 180 °C (Gas Stufe 2) vorheizen. Eine Springform mit 20 cm Durchmesser einfetten, den Teig einfüllen und etwa 20 Minuten backen.
4. Den fertig gebackenen Biskuit aus dem Ofen nehmen, auf ein Kuchengitter stürzen und einige Minuten bei Zimmertemperatur ruhen lassen. Danach mit einem feuchten Küchentuch abdecken und vollständig abkühlen lassen. In drei gleich dicke Scheiben schneiden.
5. Für Füllung und Überzug (Ganache) die Schokolade fein hacken und in eine Schüssel geben. 100 g Sahne mit Honig aufkochen und in feinem Strahl über die Schokolade rinnen lassen. Nach 20 Sekunden durchrühren, bis sich die Schokolade aufgelöst hat. Butter und Rum einarbeiten. Restliche Sahne sehr steif schlagen und unterziehen.
6. Die drei Biskuitscheiben mit Rumsirup tränken. Auf eine der drei ein Drittel der Ganache streichen, eine zweite Scheibe darüber legen, diese mit der Hälfte der restlichen Ganache bestreichen und die dritte Biskuitscheibe auflegen.
7. Mit der restlichen Ganache die Torte einstreichen. Torte 1 Stunde kalt stellen.
8. Währenddessen die Äpfel schälen, vierteln, das Kerngehäuse entfernen und jedes Viertel halbieren. Den Zucker in eine große beschichtete Pfanne geben, die Apfelstückchen hineinlegen und bei starker Hitze karamellisieren. Die Apfelstücke rings um die Torte anordnen.
9. Die Torte ca. 30 Minuten vor dem Servieren mit Schokoladenguss glasieren (Rezept S. 166).

Tipp: Zu dieser Torte passt ein guter Banyuls, ein süßer Dessertwein aus den östlichen Pyrenäen.

Für 6 Personen
Vorbereitungszeit: 30 Minuten
Kochzeit: 4 Minuten

Schokoladen-Marquise

350 g dunkle Schokolade:
2/3 Orinoco und 1/3 Bloc noir
(oder 230 g Edelbitter Schokolade
mit 70 % und 120 g Edelbitter
Schokolade mit 60 % Kakaoanteil)
4 Eier
175 g weiche Butter
150 g Puderzucker
200 g Sahne
30 g Zucker

1. Eine 25 cm Kastenform einfetten und mit Backpapier auslegen.
2. Schokolade in Stücke schneiden, in eine Schüssel geben und bei milder Hitze im Wasserbad schmelzen lassen.
3. Eier trennen. Die Eiweiße in eine Schüssel geben, jedes Eigelb getrennt aufbewahren.
4. Die Butter in einer Schüssel mit 100 g Zucker zu einer schaumigen Creme aufschlagen. Ein Eigelb nach dem anderen einarbeiten. Diese Mischung mit der Schokolade verrühren.
5. Die Eiweiße mit dem restlichen Zucker steif schlagen und vorsichtig unter die Eier-Schokoladen-Masse heben, so dass der Eischnee nicht zusammenfällt.
6. Den Teig in die Form einfüllen. Mit einem Gewicht beschweren und mindestens 12 Stunden im Kühlschrank ruhen lassen.
7. Vor dem Servieren die Sahne steif schlagen; dabei den Zucker einrieseln lassen. Die Marquise stürzen, in Scheiben schneiden und mit der Schlagsahne servieren.

Schokolade & Mandel

Traviata

Unter der dunklen Schokolade verbirgt sich ein dunkles Mandelpraliné in einer knusprigen Hülle aus fein zerstoßenen und leicht karamellisierten Mandeln und Haselnüssen.
Durch die individuelle Note dieser kleinen Köstlichkeit fühlte ich mich an die dramatische Figur der Kameliendame in Giuseppe Verdis Oper erinnert.

Für 6 Personen
Vorbereitungszeit: 45 Minuten
Backzeit: 15 Minuten

Maronen-torte

Für den Sirup:
150 g Zucker
250 ml Wasser
40 ml Rum

Für den Schokoladenbiskuit:
125 g Mehl
30 g ungesüßtes Kakaopulver
5 Eier
125 g Zucker

Für die Füllung:
30 ml Rum
400 g Maronenpüree
400 g Maronencreme
200 g weiche Butter
130 g Sahne

100 g kandierte Maronen

1. Für den Sirup bei milder Hitze Zucker und Wasser in einem Topf etwa 10 Minuten zu einem dünnen Sirup kochen. Den Topf vom Herd nehmen und den Rum einrühren.
2. Für den Biskuit Mehl und Kakaopulver in einer Schüssel vermengen und sieben. Eier und Zucker in die Rührschüssel einer Küchenmaschine geben und cremig schlagen lassen. Die Mehl-Kakao-Mischung hinzufügen und vorsichtig unterrühren.
3. Backofen auf 200 °C (Gas Stufe 3) vorheizen und ein Backblech mit Backpapier auslegen. Einen Backrahmen von 28 x 25 cm auf das Blech stellen.
4. Den Teig auf dem Blech gleichmäßig so verteilen, dass die Schicht 1 cm hoch ist. 5 Minuten lang backen, dann die Temperatur auf 180 °C (Gas Stufe 2) niedriger stellen und weitere 3 bis 4 Minuten backen, bis der Biskuit goldgelb ist.
5. Biskuit aus dem Ofen nehmen, auskühlen lassen und auf ein Stück Backpapier stürzen. Das beim Backen verwendete Papier abziehen und wieder auf den Biskuit legen. (Wenn es sich schlecht entfernen lässt, mit Wasser einpinseln.) Biskuit abkühlen lassen.
6. Für die Füllung den Rum in einem kleinen Topf erwärmen. In die Schüssel einer Küchenmaschine Maronenpüree und -creme geben, weiche Butter und lauwarmen Rum hinzufügen und schlagen, bis eine glatte Masse entstanden ist. In eine Schüssel umfüllen.
7. Die Sahne sehr steif schlagen, über die Maronenmischung geben und vorsichtig unterheben.
8. Biskuitplatte in drei gleich große Rechtecke schneiden. Eines davon auf eine Tortenplatte legen, mit einem Drittel des Sirups tränken und mit einem Drittel der Maronenmischung bestreichen. In Stücke

geschnittene kandierte Maronen hineinbetten und mit dem zweiten Biskuitrechteck zudecken. Dieses ebenfalls mit der Hälfte des übrigen Sirups tränken, die Hälfte der übrigen Maronenmischung aufstreichen und das dritte Biskuitrechteck darüber legen.

9. Die oberste Lage Biskuit mit dem Rest der Maronenmischung bestreichen, nach Belieben verzieren. Die Torte vor dem Servieren mindestens 1 Stunde kalt stellen. In schmale Stücke schneiden.

Tipp: Die Torte 30 Minuten vor dem Servieren aus dem Kühlschrank nehmen, damit sich der Geschmack voll entfaltet. Die Maronentorte kann auch mit einer Schokoladenglasur überzogen werden (Rezept S. 166).

Für 6 Personen
Vorbereitungszeit: 25 Minuten
Backzeit: 10 Minuten

Dreikönigskuchen

500 g dunkle Schokolade:
1/2 Maracaïbo und 1/2 Orinoco
(250 g Schokolade mit 55 %
und 250 g Schokolade
mit 70 % Kakaoanteil)
500 g Sahne
1 Vanilleschote
1 fertiger runder Blätterteigkuchen
oder 2 fertig gebackene
Blätterteigplatten von ca. 26 cm
Durchmesser
1 getrocknete Bohne

1. Für die Füllung am Vortag die Schokolade fein hacken und in eine Schüssel geben. Die Sahne in einen Topf gießen. Die Vanilleschote der Länge nach halbieren und das Mark mit einer Messerklinge über dem Topf auskratzen, damit es in die Sahne fällt. Sahne aufkochen. Vom Herd nehmen und über die Schokolade gießen. Kurz warten und die Mischung dann durchrühren, bis sich die Schokolade vollständig aufgelöst hat. Abkühlen lassen und etwa 12 Stunden an einem kühlen Ort (aber nicht im Kühlschrank) kühl stellen.
2. Am nächsten Tag die Schüssel mit der Schokoladenfüllung bei milder Hitze im Wasserbad erwärmen. Dabei aufschlagen, bis die Füllung schaumig ist. Den Blätterteigkuchen in der Mitte durchschneiden und die schaumige Creme auf die untere Hälfte streichen. Die Bohne darauf legen. Wenn die Füllung nach ca. 5 Minuten fest geworden ist, die obere Hälfte darüber decken und 1 bis 2 Stunden ruhen lassen.
3. Kurz vor dem Servieren den Backofen auf 200 °C (Gas Stufe 3) vorheizen. Sobald diese Temperatur erreicht ist, den Backofen ausschalten und den Dreikönigskuchen darin 5 bis 7 Minuten warm werden lassen, ohne dass die Schokoladenfüllung dabei schmilzt. Sofort servieren.

Tipp: Damit der Dreikönigskuchen noch mürber wird, auf die untere Hälfte des Blätterteigkuchens eine 5 mm dicke Scheibe Mandelmakrone legen (Rezept S. 34) und die Schokoladenfüllung darauf streichen.

Wer die versteckte Bohne in seinem Kuchenstück findet, dem wird Glück widerfahren.

Desserts

Für 4 Personen
Vorbereitungszeit: 20 Minuten
Kochzeit: 5 Minuten

Schokoladencreme

300 g dunkle Schokolade:
1/2 Orinoco und 1/2 Maracaïbo
(oder 150 g Edelbitter Schokolade mit 70 % und 150 g Edel Zartbitter Schokolade mit 55 % Kakaoanteil)

3 Eigelb
100 g Zucker
500 ml Milch
50 g ungesüßtes Kakaopulver
1/2 Vanilleschote
125 g steif geschlagene Sahne

1. Schokolade in Stücke schneiden und mit einem Messer auf einem Brett fein hacken.
2. Eigelb und Zucker in einer Schüssel zu einer hellen Creme aufschlagen. Die Hälfte der Milch dazugeben und einrühren. Die Vanilleschote der Länge nach halbieren und das Mark mit dem Messer auskratzen.
3. Restliche Milch in einem Topf aufkochen und das Kakaopulver hinzufügen. Die Eier-Zucker-Creme, die Vanilleschote und das Mark dazugeben und bei milder Hitze kochen, ohne das Rühren zu unterbrechen, bis die Creme dick geworden ist.
4. Die Vanilleschote herausnehmen. Schokolade hinzufügen und umrühren, bis diese sich vollständig aufgelöst hat. Abkühlen lassen, dabei ab und zu umrühren. Etwa 1 Stunde im Kühlschrank kalt stellen.
5. Schlagsahne in eine große Schüssel geben, ein Drittel der Schokoladencreme darüber gießen und behutsam unterheben. Die Mischung auf die restliche Creme löffeln und wieder behutsam einarbeiten. Diese Schokoladencreme sollte sehr kalt serviert werden.

Tipp: Die Schokoladencreme passt sehr gut zu einem Feinen Zitronenkuchen oder zu Schokoladen-Tuiles (Rezepte S. 103 und S. 39).

Schokolade & Vanille

Guayaquil

Unter einer dunklen Umhüllung eine zartbittere Ganache, zubereitet auf der Basis herber Schokoladenbohnen aus Ecuador, Venezuela und Indonesien. Als Gegengewicht zu diesen herzhaften Sorten habe ich eine feminine Note gewählt, ein Hauch von Vanille, deren Geschmack länger im Mund verweilt. Das Ergebnis ist immer noch herb, aber nicht zu herb, und gleichzeitig fein und cremig. Diese Praline ist Teil einer Auswahl von Schokoladen, die ihre geographische Herkunft nicht verleugnen, und war unsere erste südamerikanische Praline. Daher auch ihr Name, der einer ecuadorianischen Hafenstadt an der Pazifikküste entliehen ist.

Für 4 Personen
Vorbereitungszeit: 25 Minuten
Backzeit: 25 Minuten

Schokoladensoufflé

6 Eier
200 g dunkle Schokolade:
1/2 Bloc noir und 1/2 Orinoco
(oder 100 g Edelbitter Schokolade mit 60 % und 100 g Edelbitter Schokolade mit 70 % Kakaoanteil)
220 g Zucker
40 g Speisestärke
1 Vanilleschote

Zum Verzieren:
ungesüßtes Kakaopulver

1. Eine Souffléform mit 20 cm Durchmesser buttern, innen mit Mehl bestäuben und kühl stellen.
2. Eier trennen. Eiweiß in eine Schüssel geben, Eigelb einzeln aufbewahren.
3. Schokolade hacken. Im Wasserbad bei milder Hitze erwärmen und schmelzen lassen. Von Zeit zu Zeit umrühren.
4. Inzwischen den Backofen auf 200 °C (Gas Stufe 3) vorheizen. In die geschmolzene Schokolade erst 3 Eigelb und dann die übrigen einrühren. 120 g Zucker hinzufügen, durchrühren und vom Herd nehmen. Speisestärke hineingeben und einrühren.
5. Eiweiß mit dem restlichen Zucker sehr steif schlagen. Eiweiß vorsichtig unter die Eiercreme heben, damit der Eischnee nicht in sich zusammenfällt.
6. Die Form randvoll mit der Eiermasse füllen. 25 Minuten backen.
7. Soufflé aus dem Ofen nehmen, mit Hilfe eines Siebs mit Kakaopulver überstäuben und sofort servieren.

Tipp: Um sicherzugehen, dass das Soufflé gar ist, mit einer Nadel einstechen; wenn sie sauber bleibt, ist das Soufflé fertig.

Für 4 Personen
Vorbereitungszeit: 30 Minuten
Kochzeit: 6 bis 7 Minuten

Schnee-Eier auf Schokoladencreme

Für die Schokoladencreme:
150 g dunkle Schokolade:
2/3 Maracaïbo und 1/3 Bloc noir
(oder 100 g Edel Zartbitter Schokolade
mit 55 % und 50 g Edelbitter
Schokolade mit 60 % Kakaoanteil)
50 ml Milch
1/2 Vanilleschote
4 Eigelb
100 g Zucker

Für den Eierschnee:
4 Eiweiß

Für den Karamell:
250 g Zucker

Zum Verzieren:
ungesüßtes Kakaopulver

1. Für die Englische Schokoladencreme die Schokolade hacken. Vanilleschote halbieren, mit der Milch aufkochen und vom Herd nehmen.
2. Eigelb mit dem Zucker in einer Schüssel zu einer hellen Creme aufschlagen. Heiße Milch in dünnem Strahl darüber gießen, ohne das Schlagen zu unterbrechen.
3. In den Topf umfüllen und bei milder Hitze 3 bis 4 Minuten köcheln lassen; dabei ständig weiterrühren, bis die Creme dick geworden ist. Über die gehackte Schokolade gießen.
4. Aus der Creme die Vanilleschote herausholen. Abkühlen lassen; dann bis zum Servieren kalt stellen.
5. Eiweiß in einer Schüssel zu steifem Schnee schlagen. In einem großen Topf eine größere Menge Wasser zum Kochen bringen und sieden lassen.
6. Einen Esslöffel großzügig mit Eischnee füllen, den Schnee im Wasser absetzen und 2 Minuten pochieren. Die Schnee-Eier mit einem Schaumlöffel herausnehmen, auf einem Küchenhandtuch abtropfen und abkühlen lassen. Mit dem übrigen Eischnee auf gleiche Weise verfahren.
7. Für den Karamell einen Topf auf eine bei milder Hitze vorgeheizte Platte stellen, 1 Esslöffel Wasser hineingeben. Den Zucker nach und nach hineinschütten und schmelzen lassen; dabei gelegentlich umrühren, bis aus dem Zucker schöner brauner Karamell geworden ist.
8. Vor dem Servieren die Schnee-Eier auf die Creme setzen und mit Karamell und Kakaopulver verzieren.

Für 6 Personen
Vorbereitungszeit: 30 Minuten
Kochzeit: 5 Minuten

Mousse au chocolat

400 g dunkle Schokolade:
1/3 Orinoco, 1/3 Maracaïbo und
1/3 Cuana)
(oder 140 g Edelbitter Schokolade mit 72 %, 130 g Edel Zartbitter Schokolade mit 55 % und 130 g Edelbitter Schokolade mit 70 % Kakaoanteil)
80 g weiche Butter
4 Eigelb
1 Vanilleschote
100 g Sahne
150 g ungesüßtes Kakaopulver
10 Eiweiß
20 g Zucker

1. Schokolade fein hacken, in eine Schüssel geben, Schüssel in ein Wasserbad stellen und Schokolade bei milder Hitze schmelzen lassen. In die geschmolzene Schokolade Butter geben und einrühren. Anschließend die 4 Eigelbe hinzufügen und mit dem Schneebesen durchrühren, bis sich alle Zutaten miteinander verbunden haben.
2. Vanilleschote der Länge nach halbieren. Sahne in einen Topf gießen und mit der Vanille und dem Kakaopulver erhitzen.
3. Die Schokoladenmischung aus dem Wasserbad nehmen. Die aromatisierte und noch lauwarme Sahne durch ein Sieb hineingießen. Eiweiß steif schlagen, dabei nach und nach den Zucker zugeben, bis der Eischnee ganz steif ist.
4. Eischnee behutsam unter die Schokoladenmischung heben, so dass sich beide schnell und vollständig miteinander verbinden.
5. Die Mousse in eine große Schale füllen und mindestens 1 Stunde im Kühlschrank kalt stellen, aber einige Minuten vor dem Servieren herausnehmen, damit sie nicht zu kalt ist.

Tipp: Zur Mousse Schokoladen-Heidesand reichen (Rezept S. 54)

Variante

Milchschokoladenmousse

Auf die gleiche Weise zubereiten wie die dunkle Schokoladenmousse, anstelle der 400 g dunklen Schokolade jedoch 300 g Milchschokolade (Merida bzw. 300 g Schokolade mit 35 % Kakaoanteil) und 100 g dunkle Schokolade (Orinoco bzw. 100 g Schokolade mit 65 % Kakaoanteil) verwenden.

Für 5 bis 6 Personen
Vorbereitungszeit: 35 Minuten
Kochzeit: 5 Minuten

Mousse au chocolat mit Himbeeren

4 Eigelb
400 g dunkle Schokolade:
1/2 Bloc noir und 1/2 Maracaïbo
(oder 200 g Edelbitter Schokolade
mit 60 % und 200 g Edel Zartbitter
Schokolade mit 55 % Kakaoanteil)
150 g Himbeerkonfitüre (oder Gelee)
80 g Butter
6 Eiweiß
1 Prise Salz
20 g Zucker
15 g ungesüßtes Kakaopulver

1. Eier trennen. Schokolade in sehr kleine Stücke schneiden und in eine Schüssel geben. Schüssel ins Wasserbad stellen und Schokolade bei milder Hitze schmelzen lassen.
2. Himbeerkonfitüre behutsam in die geschmolzene Schokolade einrühren. Die zuvor in Stücke geschnittene Butter dazugeben und sorgfältig einarbeiten. Ein Eigelb nach dem anderen hinzufügen, ohne das Rühren zu unterbrechen. Wenn eine glatte Creme entstanden ist, die Schüssel aus dem Wasserbad nehmen.
3. Eiweiß mit dem Salz in eine Schüssel geben und zu steifem Schnee schlagen. Den Zucker nach und nach hinzufügen. Anschließend den Kakao mit einem Spachtel unterheben.
4. Die Hälfte des Eischnees in die Schüssel mit der Schokoladenmischung geben und unterheben. Den Inhalt dieser Schüssel sodann in die Schüssel mit dem restlichen Eischnee umfüllen und auch diesen unterheben. Dabei sehr vorsichtig vorgehen, damit der Eischnee nicht in sich zusammenfällt.
5. Die Mousse in eine Schale füllen und diese in den Kühlschrank stellen. Die Mousse soll kalt, aber nicht hart werden. Einige Minuten vor dem Servieren aus dem Kühlschrank nehmen, damit sich der Geschmack besser entfalten kann.

Tipp: Man kann dieses Rezept noch verfeinern, indem man die Himbeerkonfitüre durch das Fruchtfleisch von Himbeeren ersetzt und die Mousse vor dem Servieren mit roten Beeren verziert.

Schokolade & Haselnuss

Figaro

Unter der dunklen Umhüllung verbinden sich Haselnüsse, Mandeln und Karamell zu einer Ganache. Die Nüsse werden gut geröstet und dann zusammen mit dem Karamell zerstoßen. Das Geheimnis dieser Komposition liegt teilweise in der richtigen Zubereitung des Karamells: Zu stark erhitzt, wird er bitter, wenn man ihn zu kurz kocht, bleibt er zu süß. Ich habe außerdem den Mandelanteil erhöht, um die Dominanz der Haselnuss aufzuheben und dieser Schokolade mehr Eleganz zu verleihen.

Eine nicht allzu süße Praline, leicht wie die quirlige Figur bei Mozart und Rossini, nach der sie benannt ist.

Eis und Getränke

Für 2 Liter Eis
Vorbereitungszeit: 25 Minuten
Kochzeit: 10 Minuten

Schokoladen-eis

250 g dunkle Schokolade:
1/2 Bloc noir und 1/2 Cuana
(oder 125 g Edelbitter Schokolade mit 60 % und 125 g Edelbitter Schokolade mit 75 % Kakaoanteil)
1 l Milch
35 g ungesüßtes Kakaopulver
150 g Zucker
7 Eigelb
1 Ei
200 g Sahne

1. Schokolade fein hacken. Milch in einen Topf gießen, Kakaopulver und 50 g Zucker dazugeben, rühren und bei milder Hitze erwärmen.
2. Eigelb mit dem ganzen Ei und dem restlichen Zucker in einer Schüssel aufschlagen, bis die Creme hell und schaumig ist.
3. Etwas Kakaomilch über die Eiercreme gießen und gut einarbeiten. Die Creme in den Topf umfüllen und bei milder Hitze mit einem Holzlöffel umrühren, bis die Creme dick wird. Vorsicht, sie darf nicht kochen!
4. Wenn die Creme dick ist, den Topf vom Herd nehmen, die gehackte Schokolade hineingeben und umrühren, bis sie schmilzt. Die Sahne dazugießen und einarbeiten.
5. Die Schokoladencreme gründlich abkühlen lassen; dabei von Zeit zu Zeit mit dem Schneebesen schlagen. In eine Eismaschine umfüllen und fest werden lassen.

Tipp: Damit die cremige Konsistenz gut zur Geltung kommt, das Schokoladeneis 30 bis 35 Minuten vor dem Servieren aus dem Eisfach nehmen und in den Kühlschrank stellen.

Für 6 Personen
Vorbereitungszeit: 25 Minuten
Kochzeit: 10 Minuten

Maroneneis

1 l Milch
250 g Sahne
150 g Zucker
1 Vanilleschote
8 Eigelb
250 g ungesüßtes Maronenpüree
250 g Maronenpaste

1. Als erstes eine Englische Creme zubereiten: Milch und Sahne in einen Topf gießen, ein Viertel des Zuckers und die der Länge nach halbierte Vanilleschote dazugeben. Aufkochen, dann vom Herd nehmen und ziehen lassen.
2. Eigelb in einer Schüssel mit dem restlichen Zucker aufschlagen, bis eine helle Creme entstanden ist. Die heiße Sahnemilch in dünnem Strahl auf die Eiercreme gießen. Dabei die Creme ununterbrochen umrühren.
3. Die Mischung in einen Topf umfüllen, auf den Herd stellen und bei mittlerer Hitze köcheln lassen. Dabei immer rühren. Vom Herd nehmen, wenn die Creme dick geworden ist.
4. Maronenpüree und -paste in eine Schüssel geben und die noch heiße Creme darüber gießen. Alles gründlich vermischen. Abkühlen lassen und von Zeit zu Zeit umrühren. Die Maronencreme filtern, in eine Eismaschine gießen und fest werden lassen.

Tipp: Um den Maronengeschmack zu unterstreichen, einen Schuss flambierten Rum gegen Ende der Kochzeit in die Englische Creme gießen und Stückchen kandierter Maronen zum Eis geben, nachdem es in der Maschine umgerührt wurde.

Schokolade & Tee

Yoko

Eine Füllung mit Teearoma. Damit sich der Teegeschmack neben dem der Schokolade behaupten kann, muss ein relativ herber Tee ausgewählt werden oder eine Mischung aus zwei Sorten, Earl Grey und Lapsang Souchong, die man in der Sahne ziehen lässt. Die Dauer dieser Einwirkung hat großen Einfluss auf die Balance der Aromen.
Der Name dieser Praline stammt natürlich aus einem der Imperien des Tees: aus Japan.

Für etwa 2 Liter Sorbet
Vorbereitungszeit: 20 Minuten
Kochzeit: 10 Minuten

Schokoladensorbet

300 g dunkle Schokolade:
1/3 Cuana, 1/3 Orinoco und
1/3 Maracaïbo
(oder 100 g Edelbitter Schokolade mit 72 %, 100 g Edelbitter Schokolade mit 70 % und 100 g Edel Zartbitter Schokolade mit 55 % Kakaoanteil)
1 Fläschchen flüssiges Vanillearoma
(oder 1/2 Vanilleschote)
1 l Wasser
250 g Zucker
50 g ungesüßtes Kakaopulver

1. Schokolade in kleine Stücke schneiden. Bei Verwendung einer Vanilleschote diese halbieren und das Mark mit einem Messer auskratzen.
2. Wasser in einen Topf gießen, Zucker, Kakaopulver und Vanille dazugeben. Aufkochen und 5 Minuten kochen lassen.
3. Schokoladenstücke hinzufügen und mit dem Schneebesen durchschlagen, bis die Schokolade geschmolzen ist. Wenn die Mischung wieder kocht, vom Herd nehmen und den Topf in kaltes Wasser stellen, damit die Mischung rasch abkühlt.
4. Vanilleschote entfernen. Die Schokoladenmischung in eine Eismaschine füllen und diese rühren lassen, bis ein cremiges Sorbet entstanden ist.

Tipp: Dieses Sorbet nicht allzu kalt servieren. Etwa 15 bis 20 Minuten vor dem Servieren aus dem Gefrierfach nehmen und in den Kühlschrank stellen.

Für 6 Tassen
Vorbereitungszeit: 5 Minuten
Kochzeit: 15 Minuten

Heiße Schokolade

200 g dunkle Schokolade:
1/2 Bloc noir und 1/2 Maracaïbo
(oder 100 g Edelbitter Schokolade
mit 60 % und 100 g Edel Zartbitter
Schokolade mit 55 % Kakaoanteil)
500 ml Milch
250 ml Wasser
20 g Kakaopulver

1. Schokolade hacken. Milch in einen Topf gießen, Wasser und Kakaopulver hinzufügen und aufkochen. Sobald die Mischung kocht, die Schokolade hinzufügen und bei milder Hitze 15 Minuten kochen; dabei von Zeit zu Zeit umrühren.
2. Die heiße Schokolade durch ein Sieb in einen zweiten Topf gießen, um sie zu filtern, und abkühlen lassen. Dabei ab und zu umrühren.
3. Die Schokolade vor dem Servieren so erhitzen, dass sie warm, aber nicht kochend heiß ist.

Man kann in die Milch die Hälfte einer der Länge nach halbierten Vanilleschote legen.

Tipp: Wenn man die Schokolade einige Stunden vor dem Servieren zubereitet, wird sie cremiger und aromatischer.

Varianten

Heiße Schokolade mit Kaffee

Auf die gleiche Weise wie die heiße Schokolade zubereiten; bevor die Schokolade abkühlt, 100 ml starken Kaffee dazugeben.

Heiße Zimt-Schokolade

In die Milch Zimtstangenstücke legen, Wasser und Kakaopulver hinzufügen und 15 Minuten kochen. Vor dem Servieren die Zimtstange herausfiltern.

Heiße Rum-Schokolade

Ebenso zubereiten wie die einfache Heiße Schokolade; vor dem Servieren 50 ml Rum hineingießen.

Für 1 Glas
Vorbereitungszeit: 10 Minuten

Schokoladen-frappé

2 Kugeln Schokoladeneis oder Schokoladensorbet (Rezepte S. 150 und S. 156)
200 ml einfache Trinkschokolade (Rezept S. 159)
1 EL Sahne

1. Eis- oder Sorbetkugeln in den Behälter eines Mixers geben, kalte Trinkschokolade hinzufügen und 2 Minuten mixen. Sahne dazugießen und 30 Sekunden mixen.
2. In ein großes Glas gießen und sofort servieren.

Tipp: Servieren Sie den Schokoladenfrappé mit Schlagsahne und Schokoladenspänen.

Grundrezepte und Tricks

Ganache

Grundrezept für Torten- und Pralinenfüllungen

1. Schokolade sehr fein hacken und in eine Schüssel geben. Sahne in einen Topf gießen und aufkochen.
2. Kochende Sahne auf die Schokolade gießen und 30 Sekunden ruhen lassen. Dann mit einem Schneebesen behutsam von innen nach außen rühren, bis sich die Schokolade ganz aufgelöst hat.

Zubereitung eines Schokoladenüberzugs

Grundrezept für die Umhüllung von Konfekt und Pralinen

1. Schokolade fein hacken. Zwei Drittel davon im Wasserbad schmelzen. Von Zeit zu Zeit umrühren. Schokolade aus dem Wasserbad nehmen, bevor sie sich vollständig aufgelöst hat. Restliche gehackte Schokolade in kleinen Portionen nach und nach hinzufügen. Umrühren, bis sich alles ganz aufgelöst hat.
2. Wenn die letzten Stückchen mit der Masse verschmolzen sind, eine kleine Menge auf ein Stück Papier tropfen lassen. Wenn der Tropfen innerhalb von wenigen Minuten hart wird, hat die Kuvertüre die richtige Temperatur. Wenn es länger dauert, bis der Tropfen hart wird, ein paar Augenblicke warten, um die Kuvertüre abkühlen zu lassen. Falls die Kuvertüre dagegen allzu schnell hart wird, sollte sie einige Sekunden lang wieder im Wasserbad erwärmt werden.

Experten-Trick: Die optimale Temperatur kann man erfühlen, wenn man den Spachtel, an dem ein wenig Schokoladenmasse haftet, an die Oberlippe hält: die Schokolade soll sich kalt, aber flüssig anfühlen.

Schokoladen-guss

Grundrezept für die Glasur von Kuchen, Torten und Biskuitrollen

250 ml Milch
425 g dunkle Schokolade:
2/3 Maracaïbo und 1/3 Bloc noir
(oder 280 g Edel Zartbitter Schokolade mit 55 % und 145 g Edelbitter Schokolade mit 60 % Kakaoanteil)
30 g Glukosesirup
30 g weiche Butter

1. Schokolade hacken und in eine Schüssel geben. Milch in einem Topf zum Kochen bringen.
2. Kochende Milch auf die Schokolade gießen und die Mischung behutsam umrühren, bis die Schokolade geschmolzen ist. Glukosesirup und Butter hinzufügen und wieder rühren, bis ein glatter, glänzender Guss entstanden ist.
3. Schüssel mit Frischhaltefolie abdecken und im Kühlschrank kalt stellen. Diese Glasur kann sofort verwendet werden, solange sie noch warm und flüssig ist. Sie können aber auch je nach Bedarf immer wieder Teilmengen entnehmen. In diesem Fall die benötigte Menge vor der Verwendung im Wasserbad erwärmen. Im Kühlschrank und mit Frischhaltefolie abgedeckt hält sich die fertige Glasur eine Woche lang.

Tipp: Bestellen Sie den Glukosesirup bei Ihrem Bäcker oder Konditor. – Um zu verhindern, dass sich in der Glasur Luftblasen bilden, genügt es, die Zutaten behutsam umzurühren.

Schokolade hacken

Damit die Schokolade leichter schmilzt, sollte man sie in Stücken auf ein Brett legen und mit dem Messer sehr fein hacken.

Aromatisieren mit Minze

Um einer Ganache ein Minzaroma zu geben, erhitzt man die Sahne, legt Blätter der Minze (oder anderer aromatischer Kräuter) hinein und nimmt den Topf vom Herd. Eine Weile ziehen lassen. Die Sahne gefiltert auf die Schokolade gießen.

Schokolade schmelzen

Die gehackte Schokolade in einem Wasserbad bei milder Hitze schmelzen lassen. Ab und zu umrühren. In die Schokolade darf kein Wasser kommen.

Eine Torte glasieren

Um eine Torte (oder einen Kuchen) mit Schokolade zu glasieren, die Schokolade schmelzen. Die glatte, flüssige Masse auf die Torte gießen und mit einem Spachtel verteilen; dann fest werden lassen.

Rillenmuster

Um die Oberfläche der Torte mit Rillen zu verzieren, die Torte glasieren und etwa 2 Minuten ruhen lassen. Rillen mit Hilfe eines Tortenkamms ziehen und fest werden lassen.

Schokoladenspäne

Schokolade wie im Rezept für Schokoladenüberzug (S. 164) angegeben schmelzen. Die geschmolzene Schokolade auf eine kalte, glatte Oberfläche gießen; ideal wäre eine Marmorplatte. So ausbreiten, dass sie nur 1 bis 2 mm dick ist. Kurz bevor sie ganz erkaltet ist, die Oberfläche mit einem Messer schaben, um Späne zu erhalten.

Schokoladenblätter

Um für die Verzierung einer Torte Schokoladenblätter zu erhalten, Blätter mit deutlicher Äderung (z. B. Rosenblätter) pflücken und gründlich säubern. Einen Schokoladenüberzug (S. 164) zubereiten. Mit Hilfe eines feinen Pinsels die Blätter einseitig mit der Schokoladenmasse überziehen. Schokolade hart werden lassen. Die Blätter vorsichtig am Blattstiel halten und abziehen.

Torten schneiden

Um eine weiche Torte in ansehnliche Stücke zu schneiden, die Torte im Kühlschrank kalt stellen. Ein Messer mit dünner Klinge auswählen. Klinge unter warmes Wasser halten, abtrocknen und die Torte schneiden. Klinge nach jedem Schnitt erwärmen und abwischen.
Die Torte vor dem Servieren einige Minuten bei Zimmertemperatur stehen lassen, damit sie die richtige Konsistenz hat.

Kakaofrüchte: Sie werden etwa zwanzig Zentimeter lang und enthalten ungefähr vierzig Kakaobohnen. Ein guter Kakaobaum trägt im Jahr durchschnittlich fünfundzwanzig Früchte.

Sie können die in diesem Buch aufgeführten Original-Schokoladesorten bei sämtlichen Pariser Filialen von *La Maison du Chocolat* auch bestellen:

- 225 rue du Faubourg Saint Honoré, 75008 Paris, Tel. (0033) (0)1 42 27 39 44
- 52 rue François 1er, 75008 Paris, Tel. (0033) (0)1 47 23 38 25
- 8 boulevard de la Madeleine, 75009 Paris, Tel. (0033) (0)1 47 42 86 52
- 19 rue de Sèvres, 75006 Paris, Tel. (0033) (0)1 45 44 20 40
- 89 avenue Raymond Poincaré, 75116 Paris, Tel. (0033) (0)1 40 67 77 83

Rezeptregister

Danksagung

Ich danke Alain Boucheron und Jean-Paul Guerlain, die spontan eingewilligt haben, ihr Fachwissen einzubringen. Ich danke Éditions du Chêne, Michèle Carles (Autorin), Christine Fleurent (Fotos) und Marie-France Michalon (Food-Styling), die mit Talent alle Ideen umzusetzen verstanden, die ich ihnen mitzuteilen versuchte. Schließlich möchte ich auch allen Teams von *La Maison du Chocolat* meine Dankbarkeit ausdrücken, ganz besonders aber Pascal Le Gac, der seit zwanzig Jahren an meiner Seite alle Kompositionen, die wir hier vorstellen durften, nachgearbeitet oder erfunden hat.

Robert Linxe

Marie-France Michalon dankt für ihre Mitarbeit an diesem Buch:
À la Mine d'Argent – Antigona – Au Puceron Chineur – Bernardaud – Caracao – Christian Tortu – Claudine Martin – Christofle – Creso – Decor et Transparence – Édith Mezard – Édouard Rambaud – Ercuis – G. und M. D. Marzaud – Jars – Jean-Louis Coquet – La Paresse en Douce – Leonardo – Mokuba – Muji – Muriel Graveau – Odiot – Palais Royal – Philippe Deshoulières – Porcelaine de Sologne – Puiforcat – Rösle – Sandrine Ganem – Sentou – Siècle – Sophie Villepigue – Tharaud – The Conran Shop – Turpault – Yves Deshoulières.

Titel der französischen Originalausgabe:
LA MAISON DU CHOCOLAT Robert Linxe
Texte: Michèle Carles
Fotografie: Christine Fleurent
Styling: Marie-France Michalon
Veröffentlicht von Les Éditions du Chêne-Hachette Livre 2000

Übersetzung: Cornelia Panzacchi
Redaktion: Heike Pressler
Fachliche Beratung: Gisela Pohlkemper
Koordination: Andrea Scheiber
Satz: Filmsatz Schröter, München
Umschlaggestaltung: Heinz Kraxenberger, München

Druck und Bindung: Mame, Tours (Frankreich)
Printed in France

ISBN 3-576-11576-5